イスラーム
生と死と聖戦

中田 考
Nakata Ko

a pilot of wisdom

目次

第四章　イスラームは政治である

第五章　カリフ制について考える

定規で引いたような国境線／領域国民国家体制への編入／
ダール・アル＝イスラーム／カリフ、預言者の代理人／
初代カリフ、アブー・バクル／二代目カリフ、ウマルの大征服／
三代目カリフ、ウスマーンの『クルアーン』編纂／
シーア派とスンナ派／カリフのいないイスラームなんて／
リヴァイアサンの呪縛／マルチチュード／
カリフ制と移動の自由／本来のカリフ制は「人権」を認める／
カリフ制は独裁制であってはならない／
アナーキズム——保険証などいらない／
ナショナリズムは偶像崇拝／ないないづくし／
もうひとつのグローバルな連帯

序章　イスラームとジハード

インシャーアッラー

イスラーム圏、とくに本場アラブ圏に旅行したり滞在したりしたことのある日本人にイスラーム社会の印象を聞くと、一言で言えば、「ゆるい」ということになるのではないでしょうか。

「インシャーアッラー」

ムスリム（イスラーム教徒）は何かというとこの言葉を口にします。意味は「神様の御こころにかなうならば……」といったことなのですが、イスラーム社会と接点のある日本人にとっては、遅刻のいいわけという、あまりよくないニュアンスとともに記憶されているようです。

「月曜日のお昼に届けてください」「わかりました。インシャーアッラー」
「明日の午後四時にお会いしましょう」「うかがいます。インシャーアッラー」

こんな会話がなされると、時間にやかましい人はいらいらするそうです。つまり、約束の時間に遅れても神様のせいにするつもりだなと勘繰りたくなるらしいのです。もしくは、なんだか運任せのようでのんきだな、と感じる人も多いでしょう。

実際に、列車が遅れたり、配達が遅れたりすることはよくあります。もっともこれはイスラーム圏だけのことではなく外国ではよくあることです。外国人に言わせると、日本人の時間厳守ぶりのほうが珍しいようです。

「インシャーアッラー」の本来の意味は、「自分としてはできる範囲で全力を尽くすが、人間の力の及ばないことについては神様の思《おぼ》し召《め》し次第なので、神様のお力添えを願う」ということなのです。イスラーム的な感覚で言えば「俺にまかせておけば絶対大丈夫だ」などと安請け合いするのは傲慢《ごうまん》で、かえって誠意のない態度になるのです。「インシャーアッラー」は、日本的に言えば、神様の思し召し、お力添えがあってこそいまがある、そのことに感謝して日々を生きるという謙譲の美徳なのです。

とはいえ、平均的な日本人の感覚から見れば、イスラーム社会はのんびりしているように思われるのは事実です。ムスリムには一日五回の礼拝が義務づけられているので、お祈りの時間になると、仕事中でもマッカ（メッカ）の方角を向いて長いお祈りを始めます。日本人とは違う時間が流れていると感じる瞬間です。

そのほか、借りたものをすぐに返そうとしないし、また、貸した側でも早く返せとせっつかない。訪ねてきた人はみな客人とみなして長々と話し込む。こういった経験をした日本人は、イスラーム社会を「ゆるい」と感じるようです。そして、このゆるいイスラーム社会に、せかせかした日本社会にはないおおらかさを見て取った人たちは、イスラームファン、アラブファンになるようです。

矛盾するイメージ

悪く言えばルーズ、よく言えばおおらかな「ゆるい」社会というイメージとは裏腹に、イスラームは好戦的で排他的な宗教だというイメージを持つ人も多くいます。テレビや新聞などの報道を通じてイスラーム圏、特に中東の紛争のニュースにふれた人のなかには、ムスリムは「ジハード（聖戦）」といって外国や他民族に戦争を仕掛ける怖い人たちだと思う人もいるようです。

これに対して、旅行などで現実のムスリムと接した経験のある人たちのなかには、「あれは特殊な人たちがやっていることだから」と弁護する人もいます。ただどちらも、イスラームの一面だけを見た意見であり、そうであるがゆえに誤解だといえます。

さて、「ジハード」という言葉から、具体的に何をイメージするでしょうか?

古くは「剣か『コーラン』か」と言って、武力で異教徒に改宗を迫る宗教戦争がジハードだとされてきたので、ムスリムはみな好戦的で乱暴な人たちだというイメージを持っている人もいるかもしれません。しかし、こうしたひとくくりにしたイメージはイスラームの教義やイスラーム社会の実態と照らし合わせると、正しいものだとは言えません。

そもそも「改宗しないと殺すぞ」と剣をもって攻め込んでくるムスリムというイメージは、ヨーロッパのキリスト教徒たちがつくり出した、かなり曲解されたイスラーム観だといえます。現実のイスラーム社会は他宗教に寛容で、多くの宗教、宗派が共存しており、イエスが使っていたアラム語をいまもなお話し続けるキリスト教の古い宗派と、一四〇〇年以上もうまく付き合っています。

実は「剣か『コーラン』か」は間違いで、正しくは「剣か税か『コーラン』か」です。税金さえ納めれば改宗する必要もないし、異教徒でも子々孫々まで永住権が保証されます。学界では常識ですので、いまだに「剣か『コーラン』か」などと言う人がいるとは思いもしませんでしたが、二〇一四年六月、イラクとシリアにまたがる地域に「カリフ制イスラーム国家」として樹立を宣言した「イスラーム国」に対して、彼らが「剣か『コーラン』か」とイスラームに改宗しないキリスト教徒を虐殺している、という報道が欧米のマスメディアを賑《にぎ》わしました。

ジハード＝テロというイメージが広がったのは、いわゆる九・一一事件（二〇〇一年に起きた「アメリカ同時多発テロ事件」）からでしょう。ハイジャックしたジェット旅客機で体当たりして、ニューヨークの世界貿易センタービルを全壊、米国防総省ビルを半壊させた事件は世界中に衝撃を与えました。

しかし、実行者はムスリムであったかもしれないけれども、そして彼らの主観としてはジハードをしているつもりであったかもしれないけれども、あれはあくまで世界各地で起きている反米闘争のひとつであって、ジハードとは言いがたいものなのです。

アメリカ側の発表によれば九・一一事件の実行犯たちは事件の前にパブでお酒を飲んでいたといいます。イスラームでは飲酒は禁止されていますから、ふつうのムスリムであれば考えられない行動です。それどころか、イスラーム学者としては「自爆テロはいけません」と言うほかありません。そもそもイスラームでは自殺は禁止されているのです。加えて、ジハードは一部の過激派の専売特許ではありません。

本来のジハードはイスラームの正統な教義です。世界で約一二億人以上いるといわれているムスリムにとっては、ジハードとは特殊な考え方でも危険思想でもありません。アフリカから南アジアまで、多くの国々・地域に暮らす一二億から一六億人ほどの人々にとってはごく当たり前の考え方なのです。

インシャーアッラーに象徴されるような、ゆるくて敬虔《けいけん》なイメージと、ジハードに象徴されるような過激で暴力的なイメージ——相反するように見えるふたつのイメージの向こう側に、ほんとうのイスラームがあります。本書ではそれをご紹介しましょう。

ムスリムになるのは簡単

私はムスリムです。日本で生まれ育ち日本国籍のある日本人で、家系を辿《たど》りうる限り先祖に「外国人」は一人もいませんが、ムスリムでもあります。日本人のムスリムは少ないので珍しがられます。ついでですので、私がどのようにしてムスリムになったのか、ドラマチックな出来事はなにもないので退屈かもしれませんが、自己紹介代わりにお話ししておきましょう。

日本人ムスリムが珍しがられるということは、多くの日本人がイスラームについて中東の地域的な宗教のようなイメージを持っているからかもしれません。確かにイスラームは中東で誕生しました。しかし、ムスリムはアフリカからアジアまで、世界の広い範囲で暮らしています。イスラームは地域や民族を超えた普遍宗教なのです。

ムスリムには、国籍も血統も関係なく、誰でもなれます。入会手続きも入会金も必要ありません。二人のムスリムの立会いのもとで、「ラーイラーハイッラーッラー、ムハンマドゥンラスールッラー」（アッラーのほかに神なし、ムハンマドはアッラーの使徒なり）と唱えれば誰でもその場でムスリム社会の一員になることができます。二人の立会人（証人）についても、成人ムスリムでさえあればとくに資格はいりません。入信したことをどこかに報告する義務もありません。二人の立会人の存在とは、ムスリム社会でムスリムと認められるための条件であり、本当のところ、ムスリムになるには、アッラーを信ずることだけで十分なのです。誰がムスリムかを決めるのはアッラーなのですから。

ですから、いまのイスラーム人口は一二億から一六億ぐらいと言われていますが、数字が億単位でアバウトなのはいいかげんに数えたからではなく、イスラームには入信登録者名簿もなければ、信徒数を正確につかんでいる団体もなく、そもそも入信したと報告する義務もないので、信徒の総数はわからないのです。

日本の常識からすれば、イスラームとはかなりルーズなものに見えるかもしれませんが、それだけに自由度の高い宗教だとも言えます。だからこそ世界中に広まったとも言えるでしょう。

学問遍歴

私は神戸の貿易商の息子として生まれました。家の宗教はいちおう仏教でしたが、外国人と仕事で接する機会の多かった父が私に英語を習わせようとして、子どものころはキリスト教の教会に通って英語を教わったりしたこともありました。一方、母方の祖父が津山の神社の神主だったので、夏休みは祖父の神社で一カ月を過ごすのが慣例でした。

仏教にキリスト教に神道を、よく言えば寛容に受け入れる、ごく一般的な日本の家庭で育ちました。それでもいつのころからか、自分のなかに宗教というものがあるとすれば、それは一神教であるはずだという確信のようなものはありました。

東京大学文学部に入学して駒場聖書研究会に入り、駒場にいた二年間はそこで聖書研究をやっていました。東大は三年生に進級するときに専門を決める進学振り分けというのがあって、そのときに東大にできたばかりのイスラム学科に進学しました。ですから私は、その一期生です。

大学に進学した時点でもう最初から、キリスト教を選ぶかイスラームを選ぶか、自分としてはそのどちらかだという気持ちがありました。そして、ユダヤ教、キリスト教、イスラームという一神教の論理を考えていけば、イスラームがもっとも論理的に完成されているように思えたし、預言者ムハンマドがニセ預言者だとは思いにくかったので、それでごく自然にムスリムになったのです。そういう意味ではイスラームとの劇的な出会いというのは一切ありません。

ムスリムになったのは大学四年生になる前の春のことです。神戸のモスクで入信の言葉「ラーイラーハイッラーッラー、ムハンマドゥンラスールッラー」を唱えてムスリムになりました。一九八三年のことですから、それからもう三〇年以上経《た》ちます。いまのムスリムの平均年齢は若いですから、一六億人いる中の半分よりは長くムスリムをやっています。

東大のイスラム学科はイスラーム文化全般について歴史的・実証的に研究し、教育活動を行う組織で、日本では「イスラーム神学校」と訳されるマドラサ、イスラーム圏の学校（ムスリムとしての基礎教養を教える）とは異なるものです。先生方ももっぱら、歴史学や宗教学や社会学の対象としてイスラーム社会や文化を研究している人がほとんどです。

それにしても設立から三〇年経っているのにこのイスラム学科でムスリムになったのは私しかいません。

たとえば、キリスト教学科や仏教学科を設置している大学はいくつもありますが、進学にあたってキリスト教徒や仏教徒である必要はありません。それでも学生の多くはキリスト教徒や仏教徒で、卒業生にはキリスト教の神父さんや牧師さん、仏教のお坊さんになる人は多いのに、イスラームを学ぶムスリムが三〇年間で私一人とは少なすぎるようにも思います。

東大のイスラム学科卒業後は大学院の宗教学宗教史学専攻で修士まで学び、それから一九八六年にエジプトに留学しました。当時エジプトのカイロ大学の先生が日本に客員教授でいらしていて、その先生を頼ってエジプトに行ったのです。ところが、入学手続きが煩雑で、私は八六年から九二年まで六年間エジプトにいたのですけれども、そのうちの最初の二年間は入学するための手続きをひたすらやっていました。

どういうことかというと、当時のカイロ大学には、そもそも外国人があまり来ないので、外国人学生を受け入れる手続きが誰にもよくわかっていなかった。私は日本で修士号を取りましたが、博士課程に入るには、その学位がカイロ大学哲学科の修士修了に準ずる資格であるという証明がないと入れない。私は日本からカイロ大学の博士課程に入りに来た最初の留学生だったものですから、その手続きがものすごく大変だったのです。

なかなか埒《らち》が明かなかったのですが、たまたま日本に留学したエジプト人が東大で学位を取って、その人が日本の学位をエジプトの学位と認められるように一生懸命その手続きをやっていたのがわかった。おかげで私の学位もエジプトの学位と同等ということになって、八八年にようやく正式に入学できました。

それから九二年に学位論文「イブン・タイミーヤの政治理論」を提出してカイロ大学よ

り博士号を授与され、九四年までサウディアラビア日本国大使館の職員をしていましたから、八年間、イスラームの本場で暮らしていたことになります。その間、多くのムスリムと友人になり、彼らとの交友にも面白い話はたくさんあるのですが、ここでは先を急ぎます。

その後、日本に帰って九五年から山口大学教育学部、同志社大学神学部で教員を務め、現在は在野のイスラーム法学の研究者として、日本から世界へイスラームを発信しようとしています。

一部の過激派の思想ではない

さて、話をジハードに戻しましょう。

ジハードはムスリムにとって当たり前の考え方だと言うと、なかには「危ない奴《やつ》だな」という目で見る人もいます。イスラーム過激派の危険思想に染まった変な奴という扱いをうけることもあります。

ジハードの定義を正確に理解しないまま、ジハードをイスラーム過激派に結びつけるのは日本のマスコミの慣習です。そもそもイスラーム過激派とは何のことか？　実はいろいろな国・地域のさまざまな団体や個人による抵抗運動・抗議運動を漠然とひとくくりにして「イスラーム過激派」と呼んでいます。

最近でも、シリアのアレッポで会社経営者の邦人男性が「イスラーム国」の部隊に拘束されるといういたましい事件（二〇一四年八月）がありましたが、このとき、日本のメディアのほとんどはイスラーム国を「イスラーム過激派」と呼びました。一方で、邦人男性が同行していたグループについては「自由シリア軍」と表記しました（のちに「イスラム戦線」に訂正）。こうすると、まるで一方はテロリストで一方はまともな軍隊のように見えますが、実はどちらも反体制武装勢力なのです。

内戦の続いているシリアの状況は戦国時代と言ってもいいほどで、シリア政府（アサド政権）すら群雄割拠する一勢力にすぎず、複数の勢力が入り乱れて戦闘を繰り広げています。そうした勢力を過激派と呼ぶなら、アサド政権も含めてシリアのすべての勢力が過激派なのです。

現アサド政権は自国内にて、約二〇万人にも及ぶ自国民を殺戮《さつりく》した事実が存在します。

多くの犠牲者を生み続ける非国家的な勢力による武力活動は、国際的に非合法とみなされることが多く、その意味ではアサド政権を「過激派」とすることも可能なのですが、シリアが国家の体を成しているがゆえに、マスコミは定義を微妙に使い分けます。「イスラーム過激派」というレッテルには、そのマスコミが属する国家・社会の利益や価値観が反映されていることを考えにいれておくべきだと思います。

ジハードとは何か?

それではジハードとは何か。それをごく簡単に説明するだけでも、イスラームとは何かをひととおり理解してもらう必要があります。そうでなければ、日本では恐るべき「自爆テロ」と思われていることが、なぜアフリカから南アジアまでの十数億人の人々にとって、ごく当たり前の考え方なのかという素朴な疑問が解消されないでしょう。

しかし、ここでイスラーム概説講義をするつもりはありません。それは読者の皆さんの忍耐を超えることになるでしょうから、まずジハードについての簡単な説明をしながら、必要なことはそのつど述べることにします。

前述したように、ジハードはイスラームの正統な教義です。これはつまり、本来のジハードは一部の過激派が自暴自棄になってやっている逸脱行為ではないということです。ジハードは、ムスリムなら誰でも知っている教義で、もちろん『クルアーン』の中でもジハードという言葉を含む文章は何十カ所もあります。ジハードする者は天国に行くという言葉がいくらでも出てきます。

『クルアーン』とは、日本では従来『コーラン』という題名で知られてきたイスラームの経典で、神から預言者ムハンマドに下された啓示をまとめた一冊の書物です。私も先に、アラビア語文法の厳密な解析を踏まえ、統語論が全く違う日本語として読むにあたり、できる限り原文に忠実で正確な訳を志した『日亜対訳クルアーン』（作品社、二〇一四年）を監修いたしました。このほかにムハンマドの言行を弟子たちが伝えた『ハディース』という書物もあって、これもイスラームの聖典とされています。

『ハディース』には、いちばん大切なジハードは自分との闘いであるという言葉もあります。そこから、ジハードには自分の弱い心を乗り越える、克己という意味も出てくるのです。これを武力による戦闘と区別して「大ジハード」と呼びます。武力による戦闘は「小ジハード」です。

ただイスラーム法学の専門用語としてのジハードは、小ジハード、すなわち「イスラームの大義のための異教徒との戦争」であり、あくまでも武力による戦闘のことです。いま皆さんが使っているのはその意味ですから、ここではその意味でのジハードの話をします。

天国への最短ルート

ジハードは天国へのいちばんの近道です。これは過激派だからとか原理主義だからという話ではなくて、普通のイスラームの教義です。ムスリムであれば誰でも、同じ死ぬのであればジハードで死にたいと思うのが本当なのです。ムスリムであればみんなそのはずです。

ただし、だからムスリムはみな死を恐れないとか、死を望んでいるということではありません。これは現代だけではなくて、預言者ムハンマドの時代ですら、やはりジハードに尻込みする人間はいました。『クルアーン』にも、「おまえたちには戦いが義務として書き定められた、おまえたちにとっては嫌なものであろうが」（二章二一六節）とはっきり書かれています。もちろん人間とはそういうものですから、死ぬのは嫌だという気持ちはあります。ただ、建前としては原理主義者であろうとなかろうと、ジハードで死ぬのはいちばんの希望であるはずなのです。

では次に、ジハードを「殉教」という言葉に置き換えてみるとどうでしょう。

殉教者が天国に行くとされるのはキリスト教でも同じです。実際にキリスト教で「聖人」として尊敬されている人たちの多くは殉教者です。日本でも、戦国時代の一向一揆の際、本願寺の門徒たちは、進めば極楽、退けば地獄、と書いた旗をあげて死を恐れずに戦った。この戦いで死ねば極楽浄土に行けると彼らは信じていたのです。

イスラームの場合も、アフガニスタンでも、イラクでも、エジプトでも、シリアでも、ジハードを行っている人たちは、基本的にはみんな殉教するために行っているわけです。

ただ、日本で「自爆テロ」と呼ばれているものがジハード的と言えるのかどうかという問題はあります。自殺することはジハードではないからです。それをやったら一〇〇%死ぬという行為は確かに自殺に近い。そして、イスラームの教えでは、自殺は永遠に火獄で焼かれるほどの大罪です。つまり、ジハードによる殉教死か、自殺かによって、文字通り

「天国か地獄か」の差があるのです。だからどこまでが自殺で、どこまでをジハードと見るのか、は決定的に重要なのです。

ジハードは死ぬことを目的とする自殺ではなく、あくまでも戦いであって、死ぬまで戦うというのが基本なわけです。

大量破壊兵器を用いる戦争は、イスラームの倫理に反する

このようにジハードとは自殺でも自爆テロでもなく、あくまで戦闘であって、戦い抜いた結果死ねば天国に行けるというのがイスラームの教えです。とはいえ、戦いならなんでもよいというわけではありません。ジハードは、イスラーム法において定義されている概念で、ムスリムの戦いがすべてジハードとされるわけではないのです。

イスラーム法学において、ジハードとは異教徒に対するイスラームのための戦闘である、とされています。これがジハードの法学上の定義です。イスラームを守って広めるための戦闘がジハードです。ですからムスリム同士の戦闘はそもそもジハードにはなりません。どんな戦闘であっても、それをジハードとは絶対に言いません。ただし、イスラーム国の

指導者たちは、シリアのアサド政権を背教者の政権と見なしているので、それに対する抵抗運動は彼らにとってはある意味、ジハードだとも言えます。

それから、たとえ異教徒との戦闘であっても、その目的が単純に私利私欲を満たすためだとか、民族の独立や国益のためだとか、そういうことであれば、それはジハードではありません。

あくまでイスラームのためであること、戦う相手が異教徒であること、という二つの条件を満たして初めてジハードと呼ばれる資格が生じます。これが法学的な定義です。

繰り返しますが、ジハードは、イスラーム法によって定義された正統な教義なのです。

しかし、ジハードが法によって定められているというと、人によっては、全体主義国家が国民に戦争を義務づけているかのようなイメージを持つかもしれません。ただ、こうしたイメージはイスラームの実態からもっとも遠いものです。

なぜなら、イスラーム法に従うならば、ジハードとは、異教徒の攻撃からの自衛に限定される戦闘行為だからです。異教徒がイスラーム圏に攻め込んできた際に、イスラーム社会を守るための防衛、抵抗、反撃はジハードであり、それはカリフの命令がなくても、各人の主体性に委ねられています。

ただ一方で、ダール・アル＝イスラーム（イスラーム法が施行される空間）を拡大するためのジハードは、ムスリムの権威である「カリフ」の命令が必要となります。イスラーム国樹立が宣言された際に、アブー・バクル・バグダーディーという人物がカリフを名乗り、その後、イスラーム国の異教徒迫害に関して報じられていますが、本来の教義に則ればイスラームの使命とは、イスラームへの改宗の推進ではなく、ダール・アル＝イスラームの拡大なのです。

そして、イスラーム法の根拠となる『ハディース』においては、敵を焼き殺すことは禁じられています。ところが、現代の戦争で用いられる兵器は、ミサイル、爆弾、重火器など、どれも人を焼き殺すものばかりです。さらに、空爆によって兵士以外の一般市民も巻き添えにされていますが、これもイスラーム法の見地からは犯罪とされます。つまり、大量破壊兵器を用いる現代の戦争は、あからさまにイスラームの倫理に反するのです。

ですから結果的に、ムスリムにジハードを命じることのできる「真の」カリフを中心にした政体（カリフ制）が復興したとしても、ただちに非イスラーム世界にジハードを仕掛けるとは考えられないのです。もちろん、ジハードという教義がなくなるわけではありませんから、異教徒に対する武力による戦闘は、潜在的にはありえます。ただ、現実問題としてのイスラーム世界と非イスラーム世界との関係は、軍事的には「戦争」状態には至らないということになるでしょう。

ジハードはイスラームの正統な教義であり、かつイスラーム法で定められているがゆえにこそ、それを行えば天国に行けるとされています。にもかかわらず、現代では、自衛の場合を除いてジハードを行うことは非常に難しい。なぜならイスラームの倫理に反する可能性が高いからです。どうしてこういうややこしいことになるのか、それを理解してもらうためには、やはりイスラーム法とは何かについて、簡単な説明をしておく必要がありそうです。

第一章　イスラーム法とは何か？

イスラームは法学的に思考する

神さまは、私たちに、なにが正しくて、なにがまちがっているかを教えてくれています。どんなことをすべきか、どんなことをしてはならないか、教えてくれています。それは、すべて私たちのためです。私たちが、神さまによって神さまを求めるようになるためにそれはあるのです。

（ハビーバ中田香織、ハサン中田考編著『やさしい神さまのお話』ムスリム新聞社、二〇〇八年）

この『やさしい神さまのお話』は、クルアーンの教えを子ども向けに平易に翻訳したものです。この本を用いて、イスラームの法学的思考をなるべくわかりやすく説明しようと思います。

イスラームとは、もともと法学的な思考をするものなのです。ただし、法といっても現代の日本人の考えるような意味での法律ではありません。イスラームの法学的思考とは、世界観というか自分の日常生活自体をそれによって律するような考え方で、日本人の考える法律とはかなり違うものです。

いまの日本で「法律」というと、憲法とか民法とか刑法とか、『六法全書』に載っているような国の法律を指します。それから政令や都道府県など地方自治体の条例、裁判所の判例なども日本の法律家が扱う範囲でしょう。こうした国家が定めた社会の規則という意味での法律とイスラーム法とでは、世界観やその思考の枠組み自体がかなり違うので、そこがわかっていないと同じ話をしているように見えても実は食い違ってしまうことになります。

そもそもイスラーム法は国家が定めた法律ではありません。アフリカから東南アジアまで広がるイスラーム圏には、もちろん多くの国家があって、国ごとに法律があります。けれどもそれはイスラーム法ではないのです。

それではイスラーム法とは何か。

あえて一言でいえば、それは「神の定めた掟《おきて》」です。

イスラーム法は国ごとに政府が決めた法律ではありません。現在の国境を越えて、イスラーム圏と呼ばれている広い範囲で通用する、社会のあり方についての共通了解のようなものだと、とりあえずはおさえておいてください。現在のイスラーム圏を分断している国境線などというものは、欧米列強による植民地化の傷跡でしかありません。もともとイスラーム圏はイスラーム法の枠組み内で、多文化、多民族、多宗教が共存する広大な「法治空間」でした。

民主的手続きを経て制定されたにしろ、独裁者が勝手に決めたにしろ、法律はしょせん人の決めたものです。立法手続きがどうであろうと人の決めた法律に従うことは、人が人に従うこと、逆に言えば、人が人を支配することであって、法律とは人による人の支配の道具です。

これはイスラームの教えからは遠いものです。ましてや、法律によって人々を支配する国家を崇拝するなどというのは、イスラームの教えが禁ずる偶像崇拝、多神崇拝そのものです。

知らない者は罰せられない

イスラーム法と日本の法律の根本的な違いのひとつが、イスラーム法では、知らなければば罰せられない、という点です。

日本の法律では「知りませんでした」はいいわけになりません。国が決めた法律に違反すれば、知らずに犯してしまったとしても犯罪者として罰せられてしまいます。

ところが、イスラーム法では、罪とは神様に反抗することです。だから、そもそも神様の命令を知らない人は神様の命令に反抗することもできないので、罪はないのです。

キリスト教では、イエスを救い主と認めなければ救われません。

戦国時代に日本にキリスト教が伝えられたときに、当時の日本人の多くは、キリスト教を知らずに死んでいった自分たちの祖先が救われない、と聞かされて理不尽だと感じました。

イスラームでは、そういうことはありません。イスラームの教えを知ることができなかった者にはイスラームを信ずる義務は生じないので罪はなく、神様の慈悲により救われて天国に入ることができる、というのがイスラーム神学の通説です。だから私たちのご先祖様は皆、ムスリムではありませんでしたが天国に入ることができます。

ご先祖様だけではありません。現代はカリフの治める正しいイスラーム社会のすがたが実現されておらず、真のイスラームを伝える宣教者もいない時代ですので、イスラームを知る機会がないのは現代の日本人も同じです。ですから、いまの日本人は皆、イスラームを信じなくても救われる、と私は思っています。

もっとも、現代においては「メディアや本などでイスラームを知ることができるじゃないか、だから知らないから信じなくてもよいというい わけは通用しない」というムスリムのほうが多いので、私のように考える者は少数派なのですが。

シャリーア――法の根拠

そもそも「イスラーム法」という言葉は翻訳語で、これにそのまま当たる言葉はムスリムの共通語であるアラビア語にはありません。日本で「イスラーム法」と訳されているのはシャリーアという言葉です。これは狭い意味での法律ではありません。あえて訳すなら「法」と一文字であらわすべきもので、通常の法律よりも広い概念です。

日本語でも法律と言わずに、ただ「法」とだけいうとその意味はかなり広がるでしょう。たとえば、仏法というときの「法」は仏教の法律という意味ではなく、サンスクリット語のダルマ（真理）の訳語ですから、仏法には戒律も含まれているけれども教えも含まれているわけです。シャリーアはそれに近いものです。

神さまの決めたおきてのことをアラビア語で、「シャリーア」といいます。シャリーアとは、水飲み場に通じる道のことです。のどがかわいた人は、その道をたどれば、のどのかわきをいやす水に行き着くことができます。神さまのおきても、それをたどれば、私たちを命の泉につれていってくれるのです。

神さまのおきてとは、私たちがこの世とあの世でしあわせになるためにもうけられたさまざまな枠です。その中には、お酒をのむことやぬすみなど、してはいけないと定められた枠もあれば、おいのりや断食など、決まった時間にするように定められた枠もあります。また、枠にもいろいろ種類があって、かならず守らなければならない枠や、できれば守ったほうがいい枠など、さまざまです。　（『やさしい神さまのお話』）

「水飲み場に通じる道」、日本の法律でこういう言い方はしないでしょう。人が人を縛るための法律ではなく、神が人を導くための掟だからこそ、このような表現で語られるのです。

シャリーアとは具体的には、預言者ムハンマドによって伝えられた神の啓示の記録である『クルアーン』と、『ハディース』というムハンマドの言行録にある教え、それらの総体のことを指します。

シャリーアの内容は法律よりも広く、道徳の教えもあるし、天使の話なども含まれているし、天国の話も入っています。ですから、ある意味では法律ほどには洗練されていないとも言えます。何から何まで細かく規則を定めたものになっているわけではなく、シャリーアとはそうしたものです。

たとえば、一日に五回の礼拝は義務であるとか、お酒を飲むことや豚肉を食べることは禁じられている。これは全部シャリーアに根拠があり、法学的にもそういうふうに決められているものです。なかにはかなり細かい規定もありますが、現在まで、この一〇〇〇年ぐらいほとんど変わっていません。

また、商法や刑法、訴訟法など、日本人の考える法律の扱う事柄も、イスラームではシャリーアに根拠があります。

『クルアーン』――最もよく教祖の肉声を保存している経典

イスラームにおける法の根拠はシャリーア、つまり『クルアーン』と『ハディース』のことですが、これが一筋縄ではいかないものです。実際、『クルアーン』と『ハディース』をいきなり読んでも、そこから神意を汲《く》みとることは難しいのです。

まず『クルアーン』についてですが、これは神によって、二二、三年間にわたって段階的に預言者ムハンマドに下された啓示を書き留めたものです。とはいえ、ムハンマド本人が筆をとって書き留めたものではありません。ムハンマドの在世中は、彼が声に出して人々に伝え聞かせ、それを聞いた人々が復唱し暗唱して、また別の人々に伝えられていました。

ムハンマド存命中は口承によって伝えられてきた『クルアーン』ですが、西暦六三二年にムハンマドが亡くなった後、イスラームの教えが散逸したり歪曲《わいきょく》されたりするのを恐れたムハンマドの最古参の直弟子の一人でもあった第三代カリフ、ウスマーンの指揮下に結集が行われ、欽定《きんてい》『クルアーン』が制作されました。これが現在伝えられている『クルアーン』の原本です。

仏典も聖書も、釈迦《しやか》やイエスが死んだ後、弟子たちによって編纂《へんさん》されたものですから、成立の事情は似ているとも言えますが、『クルアーン』の場合は、預言者ムハンマドの逝去後まもなく、ムハンマドから直接教えを聞いた人々が存命のうちに文字化された点が異なります。仏典が文字化されるまでに釈迦の死後数百年が経っていますし、『新約聖書』が現在のかたちになるまでにはイエスの死後、約四〇〇年が経っています。それらに対して、『クルアーン』は世界宗教の聖典のうちで最もよく教祖の肉声を保存している経典だと言えるでしょう。

とはいえ、『クルアーン』には『クルアーン』のむずかしさがあります。二二、三年間にわたり断続的に神から下された啓示を集成したものなので量が多いうえに、啓示を受けた順に並んでいないので一読しただけでは前後の関連がよくわからないこともあります。

ムスリムが酒を飲まないことはよく知られていると思います。これも単なる慣習ではなくイスラーム法にもとづいてのことなのですが、飲酒の禁止は『クルアーン』だけでも三つの言われ方をしています。

彼らは酒と賭け矢についておまえに問う。言え、「その二つには大きな罪と人々への益があるが、両者の罪は両者の益よりも大きい」。（第二章二一九節）

信仰する者たちよ、おまえたちが酔っている時には、言っていることがわかるようになるまで礼拝に近づいてはならない。（第四章四三節）

信仰する者たちよ、酒と賭け矢と石像と占い矢は不浄であり悪魔の行いにほかならない。それゆえ、これを避けよ。きっとおまえたちは成功するであろう。（第五章九〇節）

いずれも「飲酒厳禁」というようなわかりやすい表現ではありません。一番目の言葉は酒の功罪について、プラスよりもマイナスのほうが大きいことを指摘して、注意を呼びかけているだけのようにも読めます。二番目の言葉は酔って礼拝することの禁止であって、飲酒自体を禁じているのではないようにも読めます。三番目は「不浄であり悪魔の行い」と強い表現で飲酒を非難しています。

この三つを総合して飲酒の禁止が定義されているのですが、三番目の言葉にしても、成功したければ飲酒を避けよ、という意味に解すれば禁止と言っても条件付きの禁止と受け取ることも可能なので、簡単に神の真意を読み取ることはできません。

『ハディース』——弟子たちが個々に書き留めたムハンマドの言行録

『ハディース』については『クルアーン』以上に難物です。『ハディース』は預言者ムハンマドの言行を弟子たちが書き留めたものですが、まずその全体の数量がわかっていません。

イスラームにはキリスト教の教会のような教義を公的に決定する機関がないので、あくまでも個人の収集記録によるものです。たとえば日本語に訳されているものでは、ブハーリーという九世紀のイスラーム学者が集めた『ハディース』があります（『ハディース イスラーム伝承集成』全六巻、牧野信也訳、中公文庫）。これには七三〇〇ほどのハディースが収録されていますが、ブハーリーはこのハディース集を編むために約一〇〇万のハディースを集めて、その中から精選したということです。

たとえば、イスラームは五つの行為からなっています。第一番目が「ラーイラーハイッラーッラー、ムハンマドゥンラスールッラー」という信仰告白、二番目が礼拝、三番目がザカー（浄財）、四番目がラマダーン月の斎戒《さいかい》、五番目がマッカに巡礼すること、これでひとつのハディースです。

これに伝承者の系譜が付きます。この言葉をブハーリーが誰から聞いたか、その人は誰から聞いたか、さらにその人は誰から聞いたか……ということで、七人ぐらいの名前が羅列される部分と、ムハンマドの言葉の部分とを合わせてひとつのハディースになります。こういったものが七三〇〇ぐらい収められています。

だから同じ言葉であっても、それをほかの人間が記録編集していれば、その伝承者の部分だけが違って、内容はほぼ同じものが幾つか並んでいたりもします。それはもう人によって違います。

たとえばムスリムの学者が集めたものは四〇〇〇ぐらいあって、これも訳されています

(『日訳サヒーフ・ムスリム　預言者正伝集』全三巻、磯崎定基・飯森嘉助・小笠原良治訳、日本ムスリム協会)。こういったものが無数にあって、本当にきりがないのです。

『ハディース』のように個人がつくったものが時代を超えて何百年も読み継がれているのがイスラームの特色です。

たとえば、サウディアラビア王国の裁判ではハンバリー派というイスラーム法学派の古典法学書六冊を基本として、その本に書いてあることを裁判で主に使うとしてあります。そのうちのいちばん大きな本がイブン・クダーマという人の本ですが、この人はいまから八〇〇年ぐらい前の人です。その人が何冊か本を書いていて、そのなかに、いまの刊本だと四〇〇ページくらいの『アル＝ムクニウ』という本があります。それに書いてある意見をいちばん重んじると決められている。このように個人の学説というのがいまだに読み継がれているのです。

そういうことを全部知っていないと、そもそもなんの議論もできない。だからイスラーム法は難しい。そこで、八世紀ごろから、ムスリムたちによって、『クルアーン』と『ハディース』の全体を一貫した行為規範の体系として理解しようという試みが始まりました。

それがイスラーム法学です。

イスラーム法学者の仕事

法学自体はアラビア語で「フィクフ」といいます。これがいわゆるイスラーム法学で、学問としての法学です。この学問としての法学によって導き出された規範の体系がアフカーム・フィクヒーヤです。これが日本でイスラーム法と呼ばれているものにいちばん近いものです。

日本人の感覚では、一〇〇〇年も変わっていない法律があるというなら話は簡単で、ただそれに従っていればいい、イスラーム法学者の仕事というのは古来の法律を保存し墨守することだけだ、ということになるでしょう。そして、ムスリムとはずいぶん保守的な人たちだと感じることでしょう。

ところがそう簡単な話でもないのです。先にも述べたとおり、イスラーム法は単なる法律ではないからです。

法的判断の根拠を法源と言います。イスラームにおける法源は『クルアーン』と『ハデイース』からなるシャリーアです。けれども、先に述べたように、『クルアーン』や『ハディース』を読んだだけでは、はっきりとはわからない場合も多くあります。

たとえば『クルアーン』には礼拝しろと書いてあるけれども、それはどういう意味なのか。しなくてもいいけれどできればしたほうがいいという程度の意味なのか、それとも何があっても絶対にしろという意味なのか。礼拝しないとどうなるのか、あるいは礼拝したらどうなるのか。こういうことをはっきりさせておかないと混乱します。

そこで、イスラーム法では、大ざっぱにいうと人間の行為というものを五つの範疇《はんちゅう》に分けて説明することにしました。これも細かくいうともう少し分かれているのですが、とりあえず通説を言いますと、義務行為、推奨行為、合法（中立）行為、忌避（自粛）行為、禁止行為の五つです。

義務行為というのは「しなければいけない行為」です。しなければいけないというのは、しなければ地獄の罰に値する行為です。

推奨行為というのは、しないよりはしたほうがよい行為です。それをしなくても地獄の罰はないけれども、すれば天国で報奨がある行為です。

合法（中立）行為は、してもしなくてもよい行為です。「してもしなくてもよい」というのは、イスラームの観点からはどうでもいいことであって、イスラーム法はそれに関知しないという意味です。罰も報奨もありません。

忌避（自粛）行為は、するよりはしないほうがよい行為です。それをしなければ報奨があるけれども、しても罰を受けない行為です。

禁止行為は、してはいけない行為です。それをすれば地獄の罰があります。

これがイスラーム法の基本的な五つの範疇で、責任能力のある人間に課されるわけです。責任能力とは、理性を備えていることと成人であることを基準にしています。

そこで、何が義務で何が推奨なのか、それを決めるのが法学です。義務であればそれは必ずしなくてはならない、推奨であればそれはしたほうがいいけれども絶対しなければならないわけではない。その線引きをするのが法学者の仕事です。

たとえば、嘘《うそ》をついてはいけないのはもちろんです。しかし、これはイスラーム法学の話題にはならないのです。嘘をついてはいけないというのはもちろんシャリーアの中にあって、イスラームの中では非常に重要な教えですけれども、しかしそれは法学の話題にはならない。嘘をついたら何が起きるのか、どこまでが嘘であって、それに対してどういう罰を与えられるのかがシャリーアからは明示的に読み取れないので、この話は法学では一切出てこないのです。

義務と推奨のあいだ

ザカーというのも、イスラームの重要な教えです。貧しい人に施しをしなさいという教えですが、これも法学的にいうと、その人が所有する資産のどれだけを喜捨するのが義務にあたるのかが問題になります。

たとえば資産がラクダだったらラクダ一〇〇頭につき何頭などと細かく決めるのですが、とりあえずお金だけに限ると、一年間ずっと自分が持っていた額の二・五％を喜捨するのが義務となります。だから、たとえば一年の最初、一月一日に一〇〇億円持っていたとして、途中の七月の時点でいったん所持金がゼロになったとしたら、その後また一二月までに一〇〇億円稼いだとしても喜捨すべき金額はゼロ円になります。一年間ずっと持っていなかったから、それはもうその人のものではないという考え方です。

これは法学的にはそうなのですけれども、ただイスラームの教えとしては一二月の時点で一〇〇億円持っていれば、本当はそのなかからできるだけたくさん貧しい人にあげるのが望ましい。教えとしてはそうなのですが、法的な義務としての喜捨は収入ではなく資産を基準にしますから資産がいったんゼロになれば、もうその一年に関してはザカーの義務はゼロになります。そう決まっていて、イスラームの法学とはそういうものです。

いずれの場合も、罰したり報奨したりするのは人間ではなく神様です。イスラーム法は基本的には神様と個人との問題なので、裁判所の扱う法律のようなものではありません。たとえば、豚を食べるのは禁止行為ですから、豚を食べれば罰があります。罰というのは役所が罰金を取りに来るのではなく、来世で神に罰せられるということです。

義務というのはたとえば礼拝で、礼拝をしなければ来世で神に罰せられます。報奨の場合も同じように、来世で神に報奨されるのです。

そうは言っても、盗みを働いたとして手を切り落とされたとか、姦通罪《かんつうざい》で鞭打《むちう》ちの刑になったとか、そういうニュースを見た覚えがあるぞ、あれはなんなんだ？　人間が罰を与えているじゃないか、と疑問に思われる人もいるかと思います。

実はあれは、盗人は手首を切断せよ、姦夫姦婦は鞭打て、と『クルアーン』に書かれていて、そのように神から命令されているからそうするのであって、その命令に背いた場合、神に罰せられるのは泥棒や浮気者だけではなく、それをとがめなかった為政者もなのです。

法学者はなんとなく決まっていく

こうしたことを決めるのがイスラーム法学者の仕事ですが、これは法学者の特権ではなく、法学者以外の人がやってもいいのです。

そもそもイスラームは解釈に開かれた宗教であって、法源はシャリーアだけですから、信者一人ひとりが『クルアーン』と『ハディース』を読んで、そこから自分自身で判断していくのが望ましい。イスラームとは本来そういうものなのです。

法学者も一般の人と同じ『クルアーン』と『ハディース』だけが法源であって、それ以外のものは何もありません。一般のムスリムと法学者の違いは、ただ、どれだけ頭と時間を使って、どれだけたくさん知識があるかだけです。

だから、法学者とそうでない一般の信者のあいだに明確な線引きがあるわけではありません。

イスラームは、そもそも誰がムスリムかでさえ決定する機関がないぐらいですので、法学者が誰かを認定する機関もありません。自分たちよりも法学の知識が多く頭が切れそうだ、と人々の多くが認める、というかたちで、誰が法学者なのか、なんとなく合意ができていくのです。

たとえば、思考実験として、ムスリムは豚骨ラーメンを食べてよいかという問題を考えたとします。預言者ムハンマドの生きた時代には豚骨ラーメンなんてなかったから、シャリーアのなかには明文規定として豚骨ラーメンを食べてはいけないとは当然書かれていません。『クルアーン』の文言では、禁じられているのは、ラフム・ヒンズィール、「豚の肉」です。豚肉を食べてはいけないことになっていますから、豚骨ラーメンもだめだろうと考える人も多いでしょう。それもひとつの解釈ですし、多くのムスリムはそう考えると思います。

とはいえ、豚肉を食べてはいけないとあるけれども豚骨スープを飲んではいけないと書かれているわけではないから、豚骨から肉を完全にそぎ取って作ったスープのラーメンなら食べていいかもしれないと考えることはできます。もちろん豚肉というのは骨も含んでのことだと考えることもできますから、ここは解釈の分かれるところです。

もっとも、実際には、日本にいるムスリムは豚骨ラーメンどころか、ラーメン一般を食べないと思います。たいていチャーシューがのっていますから。それならチャーシュー抜きならどうか。そうなると『クルアーン』と『ハディース』を精読して、預言者が伝えた神意の意味をどう解釈するか、考え抜かなければなりません。

基本的にはいきなり『クルアーン』を読んでも実際の問題に適用するのは難しいから、ふつうは法学を知りたければ法学書を読むことになりますが、原理的にはムスリム一人ひとりの解釈に開かれているのです。

イスラームにはタブーはない?

イスラームの話をすると、必ずと言っていいほど「イスラームにはタブーが多くてたいへんそう」という感想を聞きます。そこにはふたつの誤解が含まれています。まずタブーという概念自体がイスラームにはないこと、もうひとつは、イスラームはかなり自由度の高いもので慣れてしまえば楽なことです。

タブーというのは、宗教社会学や文化人類学で、ある社会の伝統的な習慣における禁忌をいう言葉で、もともとはポリネシア語からとられた用語です。これに該当するアラビア語はなく、また、イスラーム法学にはタブーの概念がありません。そして、飲酒にしろ豚肉食にしろ、イスラーム法が禁じているものは、伝統的な習慣に反するからではありません。

イスラームが登場する以前のアラビアではお酒は飲まれていました。古典アラビア文学には、美酒を称賛する内容の詩も数多く残されています。つまり、飲酒の禁止は伝統的な習慣に反する掟なのです。これひとつとっても、イスラーム法がタブーではないことがわかります。

イスラーム法が何かを禁じているのは、それがタブーだからではなく、神がそう命じたからです。

たとえば『旧約聖書』の有名な十戒には、「殺してはならない」とあります。ここから、ユダヤ教やキリスト教では殺人はタブーだと言う人はいないでしょう。「殺してはならない」は伝統的慣習ではなく神が命じたものです。イスラーム法もそれと同じです。

また、イスラーム法というのはムスリムだけにしか適用されませんが、タブーというのは、相手が誰であろうとダメなものはダメなのです。

たとえば、いまではほとんどなくなりましたが、日本にも女人禁制の聖地とされる場所がありました。たいていは神社仏閣のある山で、そこにはどの宗教、どの宗派の信者であろうと、女性が立ち入ると聖域が穢《けが》れるとして女性の入山を禁じていました。これが宗教的なタブーというものです。

ところが、多くの人がイスラームのタブーのひとつだと思っている飲酒の禁止は、ムスリム以外の人にも酒を飲むなと言っているわけではありません。実際、イスラーム社会は他宗教に寛容で、キリスト教をはじめ複数の宗教の信者が共生していますが、その人たちの私生活にはイスラーム法は適用されないのです。

宗教の博物館

かつて歴史学者A・トインビーは、古いキリスト教徒の宗派が残っているレバノンを

「宗教の博物館」と呼びました。

ローマ・カトリック教会によって異教だけでなく、異端とされた宗派が根絶された西欧と異なり、イスラーム世界の中心である中東では、キリスト教諸宗派、ユダヤ教、ゾロアスター教だけでなく、長期にわたって共存するも、最近になって「イスラーム国」による迫害で脚光を浴びたヤズィーディー教徒やマンダ教徒のような「宗教的マイノリティ」が、宗教の自治を許されていまも存在しています。

南アジアでは、ムガール帝国は、ムスリムの王朝でしたが、住民の大多数はヒンドゥー教徒のままでした。

武力征服によってではなく貿易により平和的にイスラームが普及した東南アジアでは、ムスリムの王朝の下でもヒンドゥー教、仏教、キリスト教、その他の地方の固有の民族宗教などが共存しており、いまも残っています。

中東であれ、南アジアや東南アジアであれ、ムスリム王朝でも、確かに政治的な争いによる戦争はありました。しかし、一六～一七世紀のヨーロッパでの宗教戦争のような教義の違いに基づく宗派間での凄惨な殺戮戦争が起きることはなく、ロシアや東欧におけるポグロム（ユダヤ人に対する集団的迫害行為）や、ナチスによるホロコースト（ショア）のような「民族浄化」もありませんでした。

歴史的にムスリムは、世界観を異にするさまざまな他者と、それぞれの宗教に自治を認めながら上手に共存する経験、ノウハウを蓄積してきました。

イスラームにおける他宗教への「寛容」は、現代西欧の個人をベースとする「宗教の自由」とはまったく違うものです。しかしエスニックな宗教共同体への帰属がいまでも生活の基盤にある中東やアジアでは、このイスラームの宗教多元主義的共存のモデルは、一定の有効性を有しているのです。

実はイスラームとは不倶戴天《ふぐたいてん》の敵のように思われているイスラエルが、西欧的な世俗的法制度と並んで、婚姻などに関係する宗教問題に関しては、オスマン朝のミッレト（宗派）制を踏襲する宗教法による自治を認めていることはあまり知られていません。

プライバシーの重視

イスラーム社会は公私の空間がかなり厳密に分かれています。プライバシーをすごく重んじるのです。私的なことというか、心の中のことは人間同士では誰にもわからない、それは神にしかわからないという考え方なので、誰も干渉してはいけないとされています。内面に関しては本当に干渉しません。

ですから、あの人は隠れてお酒を飲んでいるのじゃないかと疑いをかけて、その人の家の中に入って酒があるかどうかを調べることは許されていません。これはムスリム同士のあいだでもそうです。ムスリムはもちろん家の中でもお酒を飲んではいけないのだけれども、隠れて飲んでいるだろうといって家の中へ踏みこむことは許されない。家はプライベートな場ですから。

もちろん、家の中に入ってお酒があるかどうかを調べてはいけないという明文の規定はありませんが、スパイをしてはならないという規定があります。神が隠したものは隠したままにしておきなさいという教えがあるのです。ムスリム同士であってもそうなのですから、もちろん異教徒であれば、自分の家の中で焼豚を肴《さかな》に一杯やっていても自由です。

イスラームの信仰を持った時点で、はじめてイスラーム法の義務も発生しますし、報奨も有効になります。信仰がなければ、義務はそもそも義務として成り立ちませんし、義務を遂行しても無効です。

ですから、イスラームにおいてはムスリムでなければいかなる義務もないし、逆に推奨されることも何をやっても無効です。

イスラーム法というのはムスリムしか対象にしていないので、異教徒の行いは、先ほど説明した法学的な意味での五つの範疇の外にあるわけです。

ですから、イスラーム法が支配する地域においては、異教徒は税金を払ってさえいれば、信仰という点では基本的には何を信じていてもかまわないのです。私たちが考えるような意味での宗教に関しては、何を信じていようとかまいません。

逆に、イスラームの場合の信仰の自由というのは、胸中に留めておくことに限った信仰の自由ですから、一言でも口に出せばそれはもう内心ではないので、「私は神を信じない」と口に出す自由はないわけです。内心で信じないのは自由だけれども、それを言葉にして表現すれば社会的な影響が生じ、もはや個人の内心の問題ではなくなります。イスラームにとって表現の自由と内心の自由、信仰の自由はまったくの別物です。

つまり、イスラーム法は宗教的なタブーではない。そして、イスラーム法の適用範囲はムスリムに限られる。イスラーム社会の秩序を乱さない限り、ムスリムでない人間が何をしても、イスラーム法上は関知しないのです。だからそういう意味ではタブーも何もなく、どうでもいいわけです。

もちろん、社会生活を営むうえでの共存のルールはあります。たとえばイスラーム社会で商売をするなら、その場合にはイスラーム法の規定があります。といっても商売ですから、誰がやってもお金を払わないで商品を持っていったらそれは盗みになります。それは同じことです。

ただし、イスラーム社会では、ムスリムでない人間も自分の家から外に出て酒を飲んではいけません。それはもうプライベートな範囲を超える公的な場での行動とみなされますから、公的な場でイスラーム社会の秩序を乱したらとがめられます。

そのほかには、公的な場で公然とイスラームを侮辱すること、預言者を侮辱することは許されません。別に自分の家の中で家族同士で何を言ってもそれはかまわないのですけれども、ムスリムが聞いているような場でイスラームの悪口を言うことは許されない。

イスラーム社会でイスラームの価値観に公然と反対することはやってはいけないし、

人々の前でお酒を飲んだり、あるいは十字架を見せびらかしたり、教会の鐘を鳴らすというのは許されません。それは信仰の自由とはまったく別の社会規範、法規範です。

土俗的なタブー

イスラームの教義としてはここまで説明してきたとおり、イスラームのタブーと言われているものは宗教社会学的な意味でのタブーではなく、神の命じた掟であって、信仰と結びついてこそ意味のあるものです。

このことと、事実としての、社会学的な意味でのムスリムの嫌がるものというのはそれとはあまり関係がありません。イスラームはアフリカから東南アジアまで世界の広い範囲にひろがっていますから、土地ごとにいろいろな生活習慣があります。

環境に応じた生活をすること自体にはなんの問題もありません。先にも述べたように、イスラーム法は案外融通の利く、自由度の高いものなのです。しかし、許容範囲を超えてイスラームの原則に反するようなことまで行われていることも事実としてあって、これは嘆かわしい限りです。そして、ムスリムの中には伝統的慣習とイスラームの教えとの区別がついていない人が多いというのも残念ながら事実です。

たとえば、礼拝もしていないのに豚肉だけは食べないという人がいるのは本当にばかばかしいことです。それではそもそもムスリムではないと私は思うけれども、そういう人もいくらでもいるのです。

中国には「少数民族」として扱われている回族と呼ばれる人たちがいます。実は彼らはふつうの意味での「少数民族」ではなく、中国に住み着いたムスリムの子孫たちです。回族の「回」はイスラームを意味する古い漢語の「回教」からつけられたものです。彼らの話す中国語にはアラビア語由来の言葉もあります。それが中国政府によって民族区分されたので、いまでは「回族」という少数民族として認められているわけです。

中華料理では豚肉をよく使いますが、回族は豚肉を食べません。けれども、いまの回族が豚肉を食べないのはイスラームの信仰とは関係がないのです。

もちろんなかにはイスラームの信仰を持っている人もいますが、多くの人はなんだか知らないけれど親たちも食べなかったから自分も食べないという、ただそれだけなのです。それはイスラームの教えを守っているということではなく、生活習慣上のタブーになっているのです。これがいちばんわかりやすい例です。

トルコでも酒を飲んだり豚肉を食べたりするムスリムがいるけれども、これは世俗化したムスリムであって、ほとんどの場合は礼拝もしないどころか礼拝のしかたも知らない。生涯に一度も礼拝をしたことがないし、しようと思ってもできない。そういう人が、豚肉は食べるけれども酒は飲まないとか、その逆だとか、それはイスラームからすればどうでもいい話であって、そもそもそういう人たちがムスリムだとは私は思いません。

信仰のない人が豚肉を食べるか食べないか、酒を飲むか飲まないかは、単なる食習慣の問題にすぎないわけです。

先日、エジプトに行ってきたときのことです。エジプトの友人たちと再会してきたのですが、そのうちの一人を電話で呼び出したら、「呼んでくれてよかった」とずいぶんうれしそうにニコニコしてやってきました。「実はいま、別の人と会っていてそこで食事を出されていたんだけれども、そこから逃げてこられた、いま呼んでくれてよかった」とすごく喜んでいる。なんで喜んでいるのかと思うと、肉を出されていて、それを食べたくなかったというのです。

イスラーム法では、豚肉でなくても、定められたやり方でさばいた肉以外は食べないことになっています。ムスリムでもあまり気にしない人がいますが、やはり真面目なムスリムはこれを守ります。

エジプトだと基本的には人口の九〇%がムスリムだと言われていて、町の肉屋さんもムスリムです。だから心配はないのじゃないか、とふつうは思うのですけれども、彼らの基準でいうと、ムスリムといっても礼拝もしていないような人はムスリムではないので、どんな肉屋がさばいたかもわからないような肉は食べたくないということなのです。

ここでも、形式的なことではなく、信仰の有無が問題になるわけです。

ハラール――イスラーム社会のJASマーク

イスラームの定めたやり方で処理された肉をハラール肉と呼んで売っている店もあります。「ハラール」とは許可という意味です。そのマークがあればイスラーム的にはOKということで、JASマークみたいにしてそれでムスリム相手に商売をする「ハラール商法」というものも近ごろ盛んです。しかし、これはイスラーム的にはあまり意味がないどころか、反イスラーム的でもあります。

先に述べたように、イスラーム法とは原則的にはムスリム一人ひとりの解釈に開かれたもので、預言者によって伝えられた神の言葉を手掛かりに神意を問い尋ねることが重要です。何が神の許可されたものであるかを、国家や企業が勝手に決めて、人々の判断の自由を奪うのは神の主権を冒すことになります。形式的にはイスラーム法を順守しているように見えても、実はかえってイスラームの根本の神の主権を踏みにじっているのです。

なぜ人を殺してはいけないのか?

『やさしい神さまのお話』には次のようなくだりがあります。

おきてにかんする知識は、それが行いをともなわないものであれば、増えれば増えるだけ、ますます神さまから遠ざかり、ますます思い上がりの気持ちを強めるばかりです。人より物知りであることをじまんに思ったり、神さまのことよりも知識に心がとらわれるようになるからです。

ですから、おそらくはそのほとんどがムスリムではないであろう日本の読者に対して、イスラーム法の具体的な項目のあれこれを示そうとは思いません。まったく信仰なしにイスラーム法の規定を知り、さらにはそれを守ってみたところで、それは単に異国の文化をまねしただけであって、ある種のオリエンタリズムにすぎないからです。

イスラーム法は神の定めた掟です。そもそも神というものはこの世界の創造主であり、存在の源ですから、その意味では神の法とは普遍の法則であり、万有引力の法則のような自然法則です。

これに対しては誰も違反しない。違反しないというよりできない。自然法則に反する人間は存在しないのです。

ところがそれとは別に、人間が違反しうる法もある。たとえば、殺人を犯してはいけないという法は自然の法則とは違って、違反することができる。人間が違反しうるという点で自然法則とは異なるけれども、これも神が創った法です。

「なぜ人を殺してはいけないのか？」という議論をする人がいますが、「殺すな」という法に人間の理性で考えうる範囲での究極的な根拠はありません。だからといって、「殺すな」ということが間違っていると誰に断言できるのでしょうか。違反しうるからこそ、人を「殺さない」という法を選ぶことに意味があるのです。

「なぜ人を殺してはいけないのか?」という問いに対しては、それは神が創った法だからだとしか言いようがありません。

人間の作った法律は、違反すれば罰せられることもあれば、罰せられないこともあるわけです。罰せられた人間は不運ですけれども、罰せられなかったとしても、それはたまたまラッキーだったというだけで、罰せられたか罰せられなかったかは善悪とは関係ありません。人間の作った法律は蓋然的に守られることが多い、違反すると不利益を被ることが多いというだけの話です。

神の法はそれとは別のものです。現世での生き方は人間に任されていますから、現世で法を破ってそのまま死ぬまで安楽に生きている人間もいるかもしれません。けれども、最後の審判で裁かれる。この点については自然法則のように例外なくそうなる、というのがイスラームの考え方です。

こうした信仰に裏打ちされてイスラーム法は意味を持つのです。ジハードが法的に定義された行為であるというのも、神への信仰を抜きにしては意味がないのです。次章では、イスラームの神、アッラーとその宗教的世界観についてお話しします。

第二章　神

森羅万象はアッラーを讃える

ここまで、ジハードはイスラーム法に根拠があるということから、イスラーム法のイメージをつかんでもらえるようにその大まかな輪郭をお話ししました。ここでは、イスラーム法と一体のイスラームの宗教的世界観について簡単に説明しますが、実は宗教としてのイスラームとイスラーム法は別のものではないので、このように分けてお話しするのは、あくまでも説明のための方便だということを前提にしてください。

さて、まずイスラームの基本の基本、大枠からお話しします。

イスラームは一神教です。一神教だから排他的だと思っている人もいます。それに対して八百万《やおよろず》の神々のいる日本神道はアニミズムだから寛容であるというのですが、実はイスラームの世界観の基本はアニミズムです。

一神教のイスラームの世界観がアニミズムだというと、すこし宗教に関心のある人ほど目を白黒させて、それは矛盾ではないかと首をかしげますが、全体像を理解していただければ矛盾しているわけではないことがわかると思います。

イスラームの世界観はアニミズムであり、森羅万象はアッラーを讃えています。ただ、私たちがそれを理解できないだけです。『クルアーン』には次のように書かれています。

七つの天と地、そしてそれらのうちにある者が彼（アッラー）に賛美を捧《ささ》げる。まことに、どんなものでも、彼への称賛と共に彼の超越を称え奉らないものはない。だが、おまえたちは、彼らの賛美を理解しない。（一七章四四節）

人間だけを理性的存在として特別視する発想はイスラームには無縁です。森羅万象はすべて霊的存在であり、それぞれの言葉でアッラーを讃えています。

イスラームにおいて人間をほかの存在者と分けるのは、アッラーの命令に従うか背くかを選ぶ意思の存在です。人間以外の森羅万象が選択の余地なく必然的にアッラーを讃えているのに対し、人間だけがアッラーに背くことができます。罪を犯すことができる倫理的存在であることが人間の本質なのです。

人間は、罪を犯し、罰を引き受ける可能性と引き換えに、自らの意思でアッラーの命令に従い、自らの意思でアッラーの下僕となる可能性を選び取ることもできます。そこにこそ人間の尊厳と栄光があるのです。

イスラームの「神」とは何か?

そもそも、「神」という言葉の意味がイスラームと日本とでは違います。ユダヤ教、キリスト教、イスラームという三大宗教を生み出した文化の伝統、アブラハム的伝統といってもいいしセム的伝統といってもいいのですが、それは日本とまったく違う文化圏なのです。アブラハム的伝統の文脈でいう神とか預言者という概念は、もともと日本にはなかったものです。ですから、英語の God という言葉を「神」(かみ)と訳したのは適当だったかどうかという議論があるほどです。

それでは、イスラームの「神」とは何か?

ムスリムが物を考えるときには、基本的にはアラビア語で考えます。イスラームの根本教義はアラビア語で「ラーイラーハイッラーアッラー」で、これは「アッラーのほかに神はない」というふうに訳します。

最初の「ラー」は「ない」という意味で次にくる言葉を否定する言葉です。そして次の「イラーハ」、これが「神」と訳されている言葉です。そこで「ラーイラーハ」とは「神はない」という意味になります。

後半の「イッラーッラー」は、実は「イッラー」と「アッラー」のふたつの語が発音の上で重なっているのです。「イッラー」は英語風に訳すとbutですから、「イッラーッラー」を直訳すると「しかしアッラーは除く」という意味になります。前半と後半を合わせて「アッラーのほかに神なし」となります。

イラーハは神を意味する一般名詞、アッラーはムスリムが信ずる唯一神のことですが、たくさんの神様がいて、そのうちの一柱がアッラーという名前の神様だと考えるとイスラームを誤解することになります。

実は、イラーハもアッラーも、それにぴたりとあてはまる言葉は、基本的に日本語には一語としてないのです。ですから、厳密に日本語を考えていけば、あるいはアラビア語を考えていけば、日本の文化はそもそもイラーハという枠組みで物を考えないから、その意味ではこの根本教義に反するものは日本にはないのです。

日本神道の八百万の神々というのは、イスラーム的に言うイラーハにはあたらないので、イスラームの宗教観からはあるとかないとかの議論の対象にならないのです。あえてイスラーム的に考えていくと、日本の神々は、たとえばアラビア語で「ルーフ」と呼ばれる霊や、「ジン」と呼ばれているものに似ています。中国の道教の神々、インドのヒンドゥーの神々、ギリシャ・ローマ神話に登場する神々なども、ジンに近い性格を持っています。ジンについてはまたあとで説明します。

多神教とアニミズムの違い

アニミズムと一神教が両立しないと思われているのは、おそらくアニミズムを多神教と混同しているからでしょう。

多神教とは、神でないものを神として崇拝する偶像崇拝と結びついた概念です。先に述べたように「神」という日本語と「イラーハ」というアラビア語の意味が違うので混乱を招くかもしれませんが、神という言葉を自然界と人間界を貫く普遍的な原理と置き換えてみたらどうでしょうか。普遍的な原理が複数あったら、おかしなことになります。ある原理が普遍であったとしたら、それ以外の原理は普遍とはいえません。多神教とはこの矛盾に目をつぶり、人間のさまざまな欲望に対応した複数の原理を同時に神として崇《あが》めることです。

アニミズムというのは精霊信仰と訳されることもありますけれども、基本的には物に霊が宿るという考え方です。霊それ自体は普遍的な原理ではありませんから、神とイコールになりません。

イスラームはすべての物がそれぞれ独自の言語を持っているという考え方をします。すべての物が独自の言語を持っているというのは、たとえばアリはアリの言語を持っていますし、ミツバチはミツバチの言語を持っている。さらに言うと、鉱物などの一般に無生物とされているものもそれぞれの言葉を持っている。

たとえば、椅子《いす》は私たちの言葉とは違うけれども言語を持っている。椅子には、ネジやクギが使われています。ネジ穴とネジが合うと入るわけですが、合わないと入らない。イスラームでは、それはネジとネジ穴にとってのコミュニケーションだと考えるのです。

原子レベルでもそうです。原子の中には陽子とか電子とか中性子があって、ひとつの原子を構成している。その組み合わせや配置が違うとまったく異なる物質になってしまう。ある原子が、たとえば酸素であるとか、鉄であるとか、一定の物質であるのは、陽子や電子や中性子のコミュニケーションがそのように成り立っているからです。そういうかたちですべてのものがコミュニケートしているわけです。

そういうふうに考えればあまり不思議でもないのですけれども、要するにすべてのものはコミュニケーションツールとなる言語を持っていて、それぞれがコミュニケートしていて、そのコミュニケーションツールによって神を讃えている。これがイスラームの世界観の基本です。

ところが、そのコミュニケーションツールは同種のものにしか働かないので、ほかの種のものにはわからない。それがわかるのは神だけです。神だけは全部見ている。しかし、コミュニケートしているわけだから、実は神の特別な恩寵《おんちよう》があれば人間にも動物の言語がわかる。それが神話で出てくるのは、聖書にも登場するソロモン王です。ソロモンは動物の言葉がわかった。ちなみに動物行動学者のコンラート・ローレンツの本の題名『ソロモンの指輪』はそこから来ています。

原則的にすべてのものは自分たちの言語を持っていて考えている、それは神にはわかっているし、人間にも神の恩寵があればわかるという、そういう世界観です。すべてのものがもともと自分たちのコミュニケーションツールを持っているということは、言語があり、つまり意識がある、そして神を讃えている。それがイスラームの考え方です。

人間だけが悪を犯しうる

すべてのものに言語があり、それぞれに独自のコミュニケーションがある。これを言い換えればすべてのものに意識がある、つまり「ルーフ」、霊があると言ってもよいわけです。これはまさにアニミズムです。

すべてのものに霊がある。ただし、それを神として崇めることは別の問題です。それは多神教です。霊を崇拝する、アッラーを忘れて霊に頼ってしまうことはイスラームの禁ずるところですが、アニミズム的な世界観というか、すべてのものが霊を持っていて、それがコミュニケートできるんだよと考えること自体はなんの不思議もない、イスラームの教義そのものなのです。

基本的にはキリスト教、ユダヤ教では、人間だけが神の似姿です。だからキリスト教・ユダヤ教にとっては、「人間と神プラスそれ以外の自然」という図式になります。

ところがイスラームではそうではなくて、神は超越しているので、この世界のどこにもいません。ですから、神以外のほかのものはすべて、基本的に全部同じ立場なのです。そこが決定的に西欧の宗教観と違うところです。西欧の宗教観では人間と神プラスそれ以外の自然という図式ですが、イスラームでは「神とそれ以外」という図式で、人間と自然は基本的に一緒なのです。

しかし、それでは、なぜ人間だけが違うのかというと、西欧では人間を理性的動物と考えるのが主流ですが、イスラームでは理性とか意識とかによるのではなく、責任の有無によります。だからイスラームの人間観では、あくまでも倫理的な存在が人間なわけです。

イスラームの世界観では、自然も全部霊を持っていて、意識を持っていて、それぞれが言葉、コミュニケーションツールを持っているという点では人間と変わらない。けれども、自然は悪を犯さない。すべて神の意のままである。ところが人間だけが自由意志を持っていて、神の意に反し、悪を犯しうる。悪を犯しうる存在であるということにおいて、人間は宇宙の中で独自な存在です。

ジン

説明が煩雑になるので略してきましたが、実は人間のほかにもうひとつ悪を犯しうる存在があります。それがジンです。

ジンとは、妖精とか精霊、あるいは魔神などとも訳されます。ポピュラーなイメージとしては『千夜一夜物語』（アラビアンナイト）に収められている物語に登場する魔神たち、「アラジンと魔法のランプ」のランプの精などを思い浮かべてもらえばいいかと思います。

近年アニメ化された大高忍《おおたかしのぶ》の漫画『マギ』（小学館）でもジンが活躍しています。『マギ』の舞台設定はイスラーム世界の中でも、インド・ペルシャ系の神話的世界を参考にしているようです。まさにアラビアンナイトの世界です。主人公アラジンの持つ笛の中に潜んでいる巨人ウーゴがジンです。

ランプの精やウーゴはアラジンを助けてくれますが、ジンはみな人間に好意的で頼りになるかというとそうでもありません。気まぐれで悪戯《いたずら》好きなジンもいれば、より悪魔に近く、人間に道を踏み外させるようなジンもいます。もっと抽象的な存在の「ルーフ」が霊です。

ジンもイスラームの教義の体系の中に位置づけられていて、『クルアーン』の中に出てきます。これはほかのアニミズム的な意味での動物の霊などとは違って、ふだんは人間にはすがたが見えないけれども、人間と同じようなかたちをしていて、理性や自由意志があって、善も悪も犯しうる。人間よりは悪魔に近いので、なかに例外的に善《よ》いものもいますけれども、基本的には悪いものだと考えられています。

天使は善しか行いませんし、悪魔は悪しか行いませんけれども、人間とジンは善も悪も犯しうる。その意味ではジンも人間と同様に倫理的存在です。ジンは超自然的力、いわゆる魔法の力を持っているので、人間から見れば神々のようにも思えるかもしれませんが、失敗もするし、悪いこともする。知恵のある人間にだまされてへこむこともある、そういう存在です。

こうしたジンを、アラビアンナイト的な神話的イメージから切り離して抽象化すると、霊的存在のひとつということになります。イスラームではこの世界のすべては神の創り出した被造物なので、万物に宿る霊も被造物です。霊的存在も神の被造物であって、神ではない。この点でも、死者の霊を神とすることもある日本文化の文脈での「神」概念は、イスラームの神とは決定的に異なるのです。

世界の創造——「ない」ものへの命令?

ここまで、イスラームの世界観のアニミズム的な側面についてお話ししてきましたが、同時にイスラームは一神教ですから、神はただ一人です。それは日本人が神と呼んでいるジン的な存在ではなく、世界を創造した唯一の神です。

神さまの最も大きな特徴のひとつは、神さまが創造主である、ということです。「創造主」の「創」はつくる、「造」もつくる、という意味です。すべてをなにもないところから作った方、それが創造主です。そして、神さま以外のものはみな作られたものです。

(『やさしい神さまのお話』)

イスラームでは世界の創造主である神をアッラー（アッラーフ）と呼びます。それでは、アッラーが世界を創ったとはどういうことか。日常的な言い方をすると、無から創造するというようなイメージで、とりあえず受け止めてもらっていいでしょう。

だから、最初、世界はないのです。空っぽの容器のような世界がすでにあって、その空間の中のあれやこれやを神が創ったのではなくて、世界そのものがない。ないところに、「アッラーの御言葉が来る」、ここから世界が始まります。

では、神さまがものを作る時はどうでしょうか。神さまがものを作る時には、ひとこと「あれ」と言うだけでおしまいです。神さまが、あれ、と言ったら、それはそこにあらわれます。準備もいらなければ、時間もかかりません。「あれ」と言ったら、あるのです。

「あれ」と言うだけでそれを存在させてしまう神さまは、「あるな」と言えば、たちまちその存在をなくしてしまうこともできます。ですから、私たちが今ここに生きているということは、神さまが私たちを生かそうと望んでいるということです。神さまが望んでいるから私はここにいるのです。

（『やさしい神さまのお話』）

アッラーが「あれ」というと、「ある」わけです。キリスト教の聖書の表現では、神が「光あれ」というと、光が出てくるわけですけれども、『クルアーン』だとただ「あれ」という。そうすると、それはもう「ある」のです。

真実とは、天と地と、そのあいだにあるすべてのものがそれによって支えられている神さまの命令です。「あれ」という神さまのひとこと、その上にすべてはあるということです。

（『やさしい神さまのお話』）

ただし、「あれ」は命令形ですから、命令される対象が何かないといけません。命令文というものは、ふつうは誰かに呼びかける言葉ですから、たとえば親が子に「勉強しなさい」というように、呼びかけられる誰かがいないといけない。この場合は、勉強をしていない子どもがいて、親はその子に対して「勉強しろ」と命令するわけです。

ところが「あれ」という命令文は、「存在せよ」と命じているわけですから、「あれ」と言われているものが初めから存在していたら、命じる必要がないことになります。存在していなかったからこそ「あれ」と命令されるわけです。この場合、ないものに対して命令するという、ふつうに考えるとおかしなことになります。つまり、神による世界の創造とは、私たちの日常的な感覚としての「ある」と「ない」とは違う次元の話なのです。

私たちはカレーの具材

「あれ」と言われている対象も、この私たちの日常的な感覚でいうと「ない」わけです。けれども、それは神の知識の中ではもともと「ある」ものなのです。人間も同じで、「あれ」と言うと出てくるけれども、それまでは「ない」のです。世界の中には「ない」のだけれども、「あれ」と言われる前から実は神の知識の中には「ある」のです。

神は時間を超えた存在ですので、神の世界とはいわば時間がない世界です。時間がない世界では、私たち人間には生まれたり消滅したりしていくように見える世界のすべてのものは、神の知識としてもともと存在している。それが、私たちの見えるところで展開しているのが人間の世界というものであって、私たちにとっての世界と神の世界とでは違うわけです。

神さまには、昼も夜もありません。きのうもきょうもありません。時間をつくったのは神さまで、神さまは時間の外にいるからです。

時間のなかに生きる私たちにとっては、きのうのことは近く、去年のことは遠いことです。でも、時間の外にいる神さまにとっては、きのうのことも、去年のことも、ずっとずっとむかしのことも、それから、私たちにはまだ起こっていない遠い未来のことも、同じくらいに近いのです。

（『やさしい神さまのお話』）

もちろん、アッラーは空間的存在でもないので、神には場所も時間もないのですけれども、比喩として言うなら、すべてを知っている神の地図というものがあるわけです。神の地図の中には世界の始めから終わりまで、すべての出来事や事物が全部入っている。すべてのものが詰まっている。それが、神が「あれ」と命じることによって、この現象世界の中に展開してくるように、私たち人間には見えるという、そういう世界観です。

たとえば、自分のよく知っていることを他人に説明する場合を考えてみてください。「おいしいカレーの作り方」でもいいし、「絶景ポイントをめぐるドライブコース」でもいい。自分のよく知っていることを説明するとき、その一部始終はあらかじめ頭の中に入っているはずです。

カレーの作り方の場合、カレーという料理のイメージから、調理器具や食材、調理の手順、秘伝の隠し味、盛り付けのコツに至るまで、すべてがわかっている。けれども、実際の説明ではいっぺんに話すことはできませんから、食材選びのあたりから順番に話すほかありません。

説明する人にとってはすべてがわかっていても、カレーというものの全体像を知らず、はじめて作り方の説明を聞いている人にとれば、話される順番に沿って理解するしかありません。鍋に水を入れて火にかけるというところまでしか聞いていなければ、沸騰するまで煮るのか、それともぬるま湯程度でよいのかもわかりません。そこから先の調理は未来の範囲に含まれます。私たち人間にとっての世界の現在とは、途中までの説明のようなものなのです。
私たち人間にとっての世界が「おいしいカレーの作り方」の説明のようなものだとすると、その世界の中にいる私たち人間自身も、カレーの作り方の説明に出てくる鍋とか水とか具材や香辛料のようなものです。それが何であるのか、どのような働きをするのかは、神はあらかじめすべてご存知ですが、人間である私たち自身にはわからない。私たち人間も神が「あれ」と命じられたから存在しているのです。

ですから、ほんとうの意味で存在しているのは、神さまだけです。じぶんが存在していると思ったら、それは神さまの特徴を、持っていないのに持っていると主張するのと同じことです。

（『やさしい神さまのお話』）

私たち自身は存在しない。存在しないけれども、存在しない原型、本質が神の知識の中にはあって、それに対して神が「あれ」と言うことによって、この現象世界の中に一時的に存在するわけです。

つまり、私たちは本当は無に近いもので、それが一瞬だけその場に仮象として現れる。たとえば、私たちはこの世界に生きているので、いま見ているこの世界こそがまさに現実に見えるわけです。けれども、実際にはこの世界は仮の世界であって、真実の世界はここにはない。真実の世界は神の世界です。

神の知識はまったくの無時間の世界

以上がイスラームの世界観の大枠です。こうして神の創造した世界の中に人間というものも出てくるわけです。

世界は最初から最後まで神の知識の中にある。ですから、世界は最初から最後まですべて決まっていて、それには過去も未来も含まれており、それ自体には時間はないわけです。人間も、永遠の昔から、神の知識の中にあったのです。

けれども、神の知識はまったくの無時間の世界ですから、これは基本的には人間には把握できない。それよりももう少し人間に近い領域として天上的な世界、いわゆる天国があります。天国も神が創った世界で、神そのものではなく被造物ですから、そこでは、人間界とは別のものだけれども時間は流れている。神が許せば境界を越えて行き来したりできるところだと考えられています。

さて、この宇宙の創造の前に、すべての人間が天上的な世界で神と対面をします。そこで人間と神の関係が明らかにされて、「人間は被造物であって、神は主である」ということが確認される（『クルアーン』七章一七二節参照）。ここまでは神の領域の話ですから、超歴史的なのです。すべての人間というのも単に世界中の人という意味ではなく、人類史が始まってから終わるまで、この世界に生まれるはずのすべての人間が時間を超えて呼び出されるわけです。

いったん神の知識から天上的な世界に呼び出されて、神との対面を終えたあとで、すべての人間はまた神の知識に戻るのです。そして、人類はアダムが一応人間の祖先とされていますので、人類史的にはそこからすべてが始まる、そういうイメージです。すべての人間は、創造の前に神との対面を済ませているけれども、それはこの世界に生まれてきたときに忘れてしまいます。

人類の誕生は、『クルアーン』でも基本的には『旧約聖書』の「創世記」と同じで、アダムが土からつくられて神によって霊が吹きこまれます。そのアダムからイブがつくられる。現在の人間たちはみなその二人の子孫である。こうして普通の人間として、私たちの世界のことになるのですが、イスラームでは胎児が大きくなっていく過程で、これも諸説あるのですけれど、四〇日あるいは三カ月で霊が吹きこまれるとされています。それまではただの肉の塊ですが、霊が吹きこまれてからは人間になるので、それ以降は基本的には堕胎は許されません。

ただし、人格、権利能力が認められるのは基本的には生まれた時点からです。生まれた時点で生きていて、一言でも「おぎゃー」と言えば、一応生きたことになるので、相続権などが生じます。その時点で死んでいれば相続権も存在しない。そういうものとして人間は生まれてくるというのがイスラーム的な世界観です。

第三章　死後の世界

人は死ぬとどうなるか？

これまでは、私たち人間が生きて暮らしている世界がどのように誕生したかについて話してきましたが、ここからは死んだらどうなるかについてお話しします。

イスラームは死をどう考えるか。『クルアーン』の中にあるいろいろな話を総合すると、大雑把にいえば、死とは肉体と霊が離れることだと言えると思います。これを霊肉二元論と言います。つまり、肉体が死ぬと霊がその肉体から離れる、あるいは、霊が離れたから肉体が死ぬ。死と霊肉の分離を因果関係でとらえない場合もありますが、多くの日本人の日常的な死のイメージもだいたいこういうふうなものでしょう。

さて、イスラームでは、人が死んだ場合、その肉体は死にますが霊魂にはしばらくは意識があるというのが通説です。肉体はもう死んでいるので、肉体しか見えない私たちには死者に意識があるのかどうかわかりませんが、霊魂は肉体の死後も肉体からすぐに離れずに意識を持っているというのがイスラームの考え方です。

死者がお墓に入ると、お墓の中の審判というものがあります。お墓の中で神の遣わした天使に、何を信じたか、お前の主は誰か、お前の預言者は誰か、などを審問されます。その期間中、信仰者はお墓の中でいい暮らしができるし、不信仰者は天使に責められる。信仰があやふやだった人はおちおち死んでいられないわけです。

そうしたことがあった後、死者の魂はいつの間にか眠ってしまうんです。いつから眠るとははっきり書いていないのですが、『ハディース』などによると、死者はお墓の中の審判のあとは眠っていて最後の審判のときによみがえるというのが大枠です。つまり、死者の魂はまさに永い眠りについているのであって、魂が消滅したり、天国とか地獄とかどこか別のところに行ってしまうわけではなく、あくまでこの世界にいると考えるわけです。

イスラームの霊魂観

前章で、「ルーフ」が霊だと言いましたが、実はアラビア語には霊魂に当たる言葉がいくつもあります。なかでも「ナフス」という言葉は聖書ともギリシャ的な伝統とも近いものです。ナフスは、「息」という意味の「ナファス」という語から生まれた言葉で、ギリシャ語の「プネウマ」という語が、息という意味と生命や霊魂という意味を持っているのに似ています。

ただし、アラビア語のナフスは、息のようでもあり、魂でもあって、霊でもありますが、同時に身体を持った人間も指します。そこからオリエンタリストのあいだでは、初期イスラームにはそもそもキリスト教的霊肉二元論はなかったという説もあるので、学問的に詰めていくとたいへんな議論になりますが、専門的な議論はここではおいておきましょう。とりあえずはイスラームの人間観には霊魂などがある、と考えておいてください。

さらにいうと、この霊魂にも、正確にはいくつかの層があって、それによって呼び名が変わってきます。

たとえば「ルーフ」という言葉。これが霊です。霊はナフスだと先ほど言いましたけれども、ナフスは息を意味するアラビア語からきています。ところが、ルーフはもともとはリーフ、「風」なのです。アラビア語の姉妹語のヘブライ語では風と霊はまったく同じルーァフです。風からきているのがルーフで、息からきているのがナフスです。

アラビア語だとルーフのほうが上で霊に相当し、ナフスのほうはむしろ魂というくらい、ちょっと下です。あるいは自我とか欲望といった意味のもっと下の流れになっていきます。

中世の聖者伝などを読んでいると、ある聖者は、ナフスはいたちのかたちをしていて逃げていくとか、霊はもっと高級なかたちを持っていたりとか、そういった話もあるのです。ナフスという、自我とか魂と訳されているものも、イスラーム神学の中では、非常に生命力の小さな、薄い、軽い物体としてあるという議論もあります。

イスラームの存在論では、場所を占める物質と、物質に宿る性質のふたつに分けます。神以外の被造物はすべてそういう場所の中に存在するものだというのは初期イスラーム神学です。

ですので、霊というのはある意味、魂がある以上は場所を占めていると解釈するのです。場所を占めていないものは存在しないわけですから、場所を占めているけれども、すごく小さくて薄いものだからよく見えないとか、そういう考え方もあります。

世界の終末は近い

ごく簡単に言うと、最後の審判の後にくる永遠の来世がイスラームの考える天国であって、死んだ人はすぐに天国に行けるわけではありません。とりあえず肉体はいったん死んで、死んだ者の霊魂は最後の審判のときまで眠っている。天国に行けるかどうかは最後の審判で決まるわけですから、それまでの長い時間をお墓の中で眠って過ごしていると考えられています。

最後の審判では、人間だけではなく、宇宙自体が死ぬという壮大な過程があって、世界が別の秩序に移る。それがイスラームの来世です。宇宙自体が死ぬ前に歴史の終末が来ます。イスラームの終末論は最終戦争が起きて歴史が終焉《しゅうえん》を迎えるというものです。

終末がいつごろ来るかはわからない。ただ近いのではないかとはいわれています。明日かもしれないし、もっと先かもしれません。はっきりとはわからないけれども、終末の兆しというものもあるのでそろそろではないでしょうか。

終末の予兆にはキリスト教と似ているようなものもありますけれど、昔の言葉なのでノストラダムスの予言詩のようになんとでもとれるところがあります。たとえば、ユーフラテス河から金が、誰も欲しがらないくらいに取れるというようなハディースもありますし、地震や大火が起きたり、人語を話す獣が現れたり、ゴグとマゴグが来襲したり、偽キリストが現れたりといった超常現象がいくつも起きるとされています。

終末論はユダヤ教にもキリスト教にもありますが、イスラームでは二本立てなのです。伝承が入り乱れていてはっきりしないところもありますが、大雑把に言うと、最終戦争で善の側、イーサー（イエス）とマフディー（メシア）の側が勝って、正義の平和が実現する。けれども、キリスト教の千年王国とは違ってこの平和はあまり続かない。善の側は現世的な世界の中で一回勝つのですが、そのあと天変地異がおとずれて、これで完全に世界が滅ぶ。

世界が滅亡すると、この宇宙のすべてのものが、天使も含めてみんな死ぬ。宇宙にあるものがすべて死んだあとで、それまでに死んだすべての死者がよみがえって、最後の審判で裁かれる。そのあとは永遠の来世が続く。こういう世界観の中で個人の死というものが位置づけられるわけです。

アッラーは慈悲深いので、善のほうをたくさん勘定してくれる

最後の審判は、神が善いことと悪いことを清算することですから、全体として善が勝れば天国に行くし、悪が勝れば地獄に行くことになるのが基本です。何が善で何が悪か、そ

の規範がイスラーム法です。

　ただし、アッラーは慈悲深いので、善のほうをたくさん勘定してくれるのです。悪は一ポイントはあくまで一ポイントですが、善のほうは一〇倍から最大七〇〇倍に勘定されるということになっています。また、たとえば善行をやろうと思ったけれども結局寝すごしてしまってやれなかったという場合でも、それも一応一ポイントに数えてもらえる。逆に悪いことをしようと思っていたけれども、思い直してそれをやめた場合は、それもまたプラスに勘定してもらえる。あるいは理由のない不幸、たとえば道で転んだとか、落ちてきたものにあたって怪我をしたとか、そういうことがあればその分を悪から引いてもらえる。悪に対する罰を先払いしたという扱いになるわけです。

　それとは別に、生前の善行悪行のほかにボーナスポイント的なものもあるのです。たとえば、いちばん有名なのが巡礼です。巡礼に行くことによって、これまでのすべての罪がなくなってしまうとされています。あるいは金曜日の礼拝をやると、次の金曜日までは小さい罪は全部許されるといったボーナスポイントがいっぱいあります。

　アッラーは慈悲深いので、基本的には点数を上げてくれようとしている、というイメージなのです。さらに、預言者が「私の名前を唱えた人間はちゃんと許してあげてくださ い」と頼んで、ポイントを上げてもらえることなどもあって、最終的にはどうなるかわかりませんが、かなり人間にやさしいことになっています。

　そういう意味では、イスラームの天国の門はあまり狭くはないです。アッラーを信じていれば全員天国に入れるというのが基本です。

天国

　日本ではふつう、天国イコール死後の世界と考える人が多いと思いますが、イスラームの天国は死後の世界ではないのです。先ほど説明したように、イスラームの世界観では、死んだからといってすぐにどこか別の世界に行くわけではありません。人間の魂は死んだ後もこの世にとどまって眠っている。そして、最後の審判によってはじめて天国か地獄に行くことになります。

　つまり、ふつうの人間の目から見れば、世界の終末の後に行くところというのは、遠い未来の話であって、いま現在は、天国にしろ地獄にしろ、死後の世界は存在しないということになる。

ところが、神は時間に限定されませんから、神の知識の中では時間を超えてすべてがすでにあるものであって、人間にとっては遠い未来のことのように思えても、神の知識にとっては天国も地獄もすでにあるといえる。本当はこの世とあの世の違いは、実は時間軸ではなく、次元の違いなのです。それが、時間的な現在と未来の違いのように私たち人間の目に映っているだけです。

イスラームの天国は、漠然としたイメージとしてはキリスト教の天国とそれなりに近いものがあります。

『クルアーン』の描写はもちろんアラブの世界を背景としていて、たとえば川が流れているとか、ナツメヤシや果物がたくさんあるとか、なによりも涼しいということが強調されています。涼しいところで、美味《おい》しい食物が食べられて美味しい飲み物が飲める。アラビアは暑いところなので涼しいことが有難いのです。

それから、たくさんの伴侶《はんりょ》が与えられる。男性の場合は妻ですが、アラビア語では配偶者を意味する語には性別がないので、女性の場合は男性の伴侶になります。来世で生まれた存在で、「フール・アイン」と言って現世にはいなかった天女などもいる。あるいは男の子の場合も、現世にはいなかった、真珠のような、と形容される美少年がいるとされています。

もちろん最大の喜びは神に拝謁することです。その場合、ほかのすべての喜びは意味をなさなくなる。

基本的には、天国の人々は無駄口をきかないということなので、「サラーム（平安）、サラーム」と言っているなど、静かな安らぎに満ちた世界です。

地獄と煉獄《れんごく》

誰が天国に行き、誰が地獄に行くかは、神にはわかっていることなのですけれど、私たちにはわかりません。神の審判を受けて選り分けられ、天国に行く人間は天国に行くし、地獄に行く人間は地獄に落とされます。

地獄というのは、仏教にもいろいろありますけれども、イスラームの場合もバラエティが結構あります。いろいろな説がありますが、通説では地獄は七つあると言われています。

たとえば、ゲヘナという言葉があります。「人間をゲヘナで滅ぼすことができる御方を恐れよ」という聖書の言葉のあのゲヘナです。アラビア語だとジャハンナムとジャヒームと両方ありますけれど、『クルアーン』にはジャハンナムがよく出てきます。ほかにもサカルなどいろいろな名前の付く地獄があります。

地獄の苦しみを形容する「阿鼻叫喚《あびきようかん》」という言葉は仏教経典にある阿鼻地獄と叫喚地獄から作られた言葉ですが、どちらも罪人を猛火で焼く場所だとされています。イスラームの地獄もやはり基本的には熱くて焼かれるところですが、寒冷地獄もあります。ほかにもただ焼かれるだけではなくて、不味《まず》い物を飲まされたり、煮え湯を飲まされたり、デキモノができたり、いろいろな苦しい思いをするところなのです。

イスラームには基本的に輪廻転生《りんねてんしよう》という発想はないので、仏教のように地獄の中で長い時間をかけて罪を償い、ほかの世界に生まれ変わるということはありません。ただ、イスラームの地獄は、信仰者で罪を犯した人間が一定期間焼かれるところで、そのあとで最終的には救われるわけです。

ただし、多神崇拝をした人間、積極的な無神論者は許されない。また、漠然と神様なんていないんじゃないかと思っているのであれば、その人には宣教が届いていなかったということで許されるというのが通説です。

漠然とした不信仰者は死後どうなるかというと、現世と来世の境にある「バルザフ」という場所に行きます。バルザフとは境界、あるいは障壁という意味です。これがキリスト教でいう煉獄のようなものにあたるというふうに言われています。たとえばイスラームの教えを知らなかった者や、信徒ではなかったけれども信じなかったわけでもない人間がとりあえずそこに行って現世と来世の両方を見ている、そういう場所です。

イスラームのお葬式

一般のムスリムの葬儀は土葬です。死者の霊魂はこの世界にとどまっているだけでなく、意識や感覚もあるとされています。ですから、火葬にされると熱い。実際に体を焼いているわけですからもう熱くてたまらない。そこで、死者の埋葬は土葬と決まっています。

同じ理由で死体損壊も禁じられています。『ハディース』などに「死体を傷つけることは生きている人間を傷つけることと同じである」とありますので、死体を傷つけることはいけない。臓器移植なども問題になります。

いまでは、イスラーム圏とされる国々でも近代化によって政教分離ということが言われて、法律上はほとんど西欧の法律と同じになっていますから、臓器移植をやっているところもあるでしょう。とはいえ、死生観自体は変わらないので、基本的には臓器移植に反対する人が多い。私も反対するほうが正しいと思います。土葬については基本的に守られています。

さて、人の肉体は死んでも魂は生きていることになっていますが、現実には放っておくと遺体が腐ってしまいますので、基本的にはその日のうちに埋めます。

まず、遺体に沐浴《もくよく》を施して体を清め、そのあと布で全身を覆います。全身を覆った布の両端を括《くく》るので、ちょうど納豆の藁苞《わらづと》みたいなかたちになります。これがムスリムの死装束です。それをお墓に運んで埋葬します。

お墓のつくりは基本的には、まず地面に縦穴を掘って、さらに穴の底に横穴を掘ります。土の質にもよりますが、横穴を掘るのはなかなか難しいものです。

土に埋める前に、死体の前で葬儀の礼拝をします。これは、一日五回の礼拝と基本的には同じようなものです。ただし、普通の礼拝では立ってから、ひざまずいて地べたに頭をつけますが、葬儀の礼拝は立ったまま行います。立ったままで『クルアーン』を読んで、みんなで礼拝を捧げる。死者を赦《ゆる》してくださいという特別な祈願文があって、死者を安置し礼拝をして、そのあとで土に埋めます。埋めるときは、遺体の顔をメッカの方に向くようにして横穴に入れます。これがイスラームの通常の葬儀です。

人が死ぬとまず全身に沐浴を施して白い布に包む。これが普通の人の葬儀の基本なのですが、殉教者の場合はそれをやりません。まず、体を清めません。死んだときの服のまま、血まみれのまま、礼拝を捧げて、そのまま土に埋めます。

法学的にも殉教者はほかの死者とは別の扱いを受けます。私自身は実際には殉教者の葬儀に立ち会ったことはありませんが、いま、日常的にシリアでは行われています。毎日のように大勢が死んでいますから。爆撃で殺された人間も殉教者扱いになるのです。

だから、いま、フェイスブックなどを見ると、子どもも含めてシリアの紛争で死んだたくさんの死者の写真が載っていますけれども、みんなあのまま埋めます。ああいう人たちをそのまま埋めているのは、ぞんざいに扱っているのではなくて、殉教者だから、わざわざ死んだそのときの服装のままにしてあるのです。

殉教者の霊は天国へ直行する

なぜ殉教者は死んだときのままの服装で埋葬するのか。それは、ほかのふつうの死者の魂は最後の審判の日まで眠りこんでしまうわけですが、殉教者の魂は最後の審判を待つことなく、その場から天国に直行し、天国で生きていると考えられているからです。

これは『クルアーン』の雌牛章一五四節とイムラーン家章一六九節の二カ所ではっきりと書かれています。

> またアッラーの道において殺された者を死者と言ってはならない。いや、生きている。ただ、おまえたちは感知しない。（二章一五四節）
>
> そしてアッラーの道において殺された者たちが死んでいると考えてはならない。いや、彼らの主の御許で生きており、糧を与えられている。（三章一六九節）

ジハードによって死んだ者を死んだと言ってはならない、私たちには見えないけれども、天国で食べ物を与えられて生きているという、こういう表現ではっきりとわかりやすいように書いてあります。もちろん天国では食べなくてもいいのですが、食べることは楽しみのひとつなので、天国でも美味しいものをたくさん食べられるという、そういうイメージだと思います。

ですから殉教者に関しては、肉体自体は死ぬわけですが、魂はそのまま天国に直行します。世界の終末も最後の審判もパスして、いきなり天国に行けるのです。ほかの人のように墓の中で最後の審判まで眠っているのではなく、殉教者は天国で生きている。だからジハードで死んだ殉教者は、法学的にも一般信徒とは葬儀の仕方が違うのです。

このように、イスラームでは殉教者の死は特別な位置にある。このことは神学にも関わってきます。

たとえば、『クルアーン』の中で、現世で死んだあとでも天国で生きているとされるのは、実は殉教者だけです。しかし、この殉教者についての記述を手掛かりに、天国というものを考えていくと、預言者ムハンマドも天国にいるはずだということになります。

イスラームの神学、世界観の中で最も神に近い存在は預言者ムハンマドです。天国という、私たちの世界とは次元の違う世界、とはいっても、神本体ではないので私たちの世界とは違うけれども時間が流れている世界に、殉教者ですらいるのであれば、それよりもはるかに位の高い預言者がいないわけがない。

預言者ムハンマドは、私たちの世界観の中では、六三二年に亡くなっているわけですけれども、実は、私たちには見えていないだけで、天国でずっと生きている。あるいは、のちの時代の聖者といわれる人たちも、みんな天国で生きていて、私たちとは基本的には交流できないけれども、実は、夢のお告げというようなかたちで交流ができるみたいなことが、殉教者についての記述を手掛かりにして考えられていく。

つまり預言者や聖者が、私たちには見えないけれども、天国という秩序の中で生きていて、殉教者を手掛かりに特殊なかたちでコミュニケーションがとれるという話につながっていくので、そういう意味では殉教者はすごく重要なのです。

シーア派の殉教劇

特にイランで盛んなシーア派（シーアとは党派という意味）は、殉教には特別な思いがあります。

それにはちゃんと理由があって、シーア派の場合は最高指導者をイマームと呼びますが、その初代イマームのアリー、それから三代目のフサイン（これは預言者ムハンマドのお孫さんです）が殺されているのです。特に三代目のフサインの場合は、ウマイヤ朝という不正な王朝と戦って殺されてしまった。

アーシューラーというシーア派でいちばん大きなお祭りがあります。その日はフサインが殉教した日で、日本ふうに言うと命日に当たります。シーア派の人々はフサインの死を悼んで殉教劇を演じますが、その劇場は彼の名にちなみフサイニーヤと呼ばれます。

私も二〇一一年、アフガニスタンで初めて殉教劇を実際に見ました。私が行ったアフガニスタンはスンナ派が多数派なので、あまり派手にやりませんけれども、男たちが上半身裸になって、場合によってはナイフで傷つけ、そうでない場合でも鞭や鎖で自分の体を打つのです。そうして殉教者の痛みを分かち合うという宗教儀礼です。本当はイランなどではナイフは禁止されているんですが、パキスタンではまだ使っています。

そういうこともあって、シーア派の宗教儀礼に殉教シーンが頻出することは確かですが、シーア派だから殉教するというのはまったく違います。

そもそも宗教儀礼というのは直接的な暴力を象徴暴力に変換する装置ですから、儀礼の中でフサインの殉教を象徴的に演じることによって、実際には殉教しないことにしているのです。スンナ派でもジハードはずいぶん勧められていますが、シーア派ほどには儀礼化はされていません。

ともかく祭りとして儀礼化されるほど、殉教することは非常によいことであって、それは天国への近道だとされています。

いちばん望ましい死に方

いくつか例外はありますけれども、基本的には、ムスリムにとってジハードで死ぬことはいちばんよい死に方だとされています。

ジハードがイスラームの中で、いちばん徳の高い行為であるという記述はたくさんあります。たとえば「すべての基礎はイスラーム、支柱は礼拝、頂点はジハードです」というハディースがあります。それに対して、「学者のインクは殉教者の血よりも高い」というハディースもありますが、基本的にはジハードは素晴らしいものだということを随所で強調しています。

ですからジハードというのは非常に重要であって、徳の高い行為なのです。先ほども述べたように、殉教して死んだ人間はそのまま天国へ行ける。真面目なムスリムであればジハードで死にたいはずなのです。

とは言っても、実際に死ぬのは怖いという気持ちは、当然の人情としてムスリムにもあります。実は預言者ムハンマドの直弟子の方々でさえ尻込みしました。

イスラームの世界観だと、基本的には預言者の時代のお弟子さんたちがいちばん優れているとされます。現代の私たちよりも、私たちの父親世代のほうがいいし、それよりも祖父の世代がよく、さらに曾祖父《そうそふ》の世代はもっとよい……、ということです。世代的に、預言者に近ければ近いほど徳が高いということになっています。

その意味では、預言者ムハンマドと同じ時代を生きた直弟子たちは最も徳が高いことになるはずですが、その直弟子たちであってさえも、ジハードを命じられて嫌がる人間がいっぱい出てきたという記述が『クルアーン』にあります。それに対して、なんで嫌がるのか、この前も戦いたいと言っていたじゃないか、という叱責《しっせき》の言葉も残されています。

また信仰する者たちは言う。「(奮闘《ジハード》を命ずる)一章が垂示されないのは何故か」。ところが、断固とした一章が下され、その中で戦闘が言及されると、心に病がある者たち(偽信者たち)が、死(の恐れ)に気も漫《そぞ》ろな者の眼差しでおまえの方を見つめるのをおまえは見た。

(四七章二〇節)

しかし理論的には、ジハードで死ぬのがいちばん望ましい死に方であることは確かです。

借金があると天国に行けない?

殉教は天国へ直行する切符ですけれども、ただし、殉教者が天国に直行できない例外がふたつあります。ひとつは借金です。借金をしていると天国に行けない。だからジハードに行くときは必ず借金を返しておかなければいけないのです。ムスリムにとって天国に行けないということはとんでもなく悪いことですから、借金を返さないということはそれほど悪いことなのです。

なぜ借金がそんなに問題になるのか。イスラームは法学的に考えると言いましたが、こういうところにもその特徴があらわれています。

イスラームの場合、神に対する罪と人間に対する罪、あるいは神の権利と人間の権利というものを分けて考えます。たとえば礼拝は神と人だけの関係です。礼拝をしないことは、イスラームでは神に対するいちばん重い罪になりますが、しかし、礼拝をしても誰かほかの人間に対してはなんの益ももたらしませんし、逆に礼拝しなかったとしてもほかの人にはなんの害もありません。ある人が礼拝をしようがしまいが、それでほかの人が得をしたり損をしたりするわけではないのです。

それに対して、人を殺すのがいけないとか、盗みはいけないという戒律は、神が殺すな、盗むなと言っているのに逆らうことになりますから、それ自体は神との関係における罪です。しかし同時に、誰かが他人の物を盗むと盗まれた人間は困る。殺されたり、傷つけられたりするのも困るわけです。これは人間に対する罪と、神に対する罪の複合です。

神に対する罪というのは神だけが赦すという権利関係なので、逆に言うと人間はそれに関わらない。だから、礼拝しなかったからといってほかの人間には許す権利も非難する権利もない。神に逆らっているじゃないかと言うことはできますけれど、そもそも他人が非難するようなことではないわけです。

しかし、人を殺すとか人の物を盗むのは、被害を受けた側の人間に損害賠償を請求する権利が生じますから、人間に対する罪、人間同士の権利関係にもなります。人間の権利侵害については直接的にはあくまで人間が許すわけですけれども、もちろんこれも、人間の領域自体がすべて神によって動かされていますから、権利を侵害された人間の向こうに命令に背かれた神がいるわけです。人間を通すことによってしか神も赦さない。これが人間の権利です。

借金というのは、これは人間の権利の範囲の事柄なので、借金を踏み倒された人間が許さない限りは神も赦さないわけです。神学的に言うと、神が人間の許しを通して赦す、という構造なのです。

このように、現世での人間の権利と義務に関しては、それをまず果たさないと天国に行けないということがあるので、借金を残してはいけないわけです。

もうひとつ、借金のほかに、両親の許可がないとジハードに行けないとされています。ただしこれはジハードといっても任意のジハードの場合、つまり自分が行きたいからと言って行く場合のことです。任意のジハードに関しては、親がダメだと言ったらダメなのです。

けれども、ムスリムの土地に異教徒が攻めてくるとか、あるいはカリフから召集命令が来るとかといった場合のように、ジハードが義務である場合は、親の命令よりもそちらのほうが優先するので、その場合はかまいません。

すなわち、ジハードをするうえでうってつけの条件とは、異教徒の攻撃を受けているイスラーム社会を守るためにカリフがジハードを命じた場合です。異教徒の攻撃からイスラーム社会を守れというカリフの呼びかけに応えることは、天国への直行切符をもらったも同然で、教義上は本来、ムスリムとしてはこれに勝る喜びはありません。

ジハードを命じることのできるカリフとは、預言者ムハンマドの後継者を意味するアラビア語ハリーファを欧米風に発音したもので、イスラームの最高権威のことです。詳しくは後の章であらためて説明しますが、このカリフという地位はイスラーム法の上では存在していたのですが、かなり長い期間、空位のままでした。このため、現代のムスリムのジハードは、異教徒の攻撃に対するやむをえない自衛としての行為に限定されていたのです。

第四章　イスラームは政治である

政教分離という現代の迷信

カリフの問題を取り上げる前に、イスラームにおける神と人間の関係について、もう少し説明しておきましょう。

これまでもイスラームの特色として、法学的に思考すること、倫理的存在という人間観に立つことなどを挙げてきました。イスラームは信仰によって結びついた共同体（ウンマ）を前提にして、私たち人間がどう生きるべきか、どのような社会を営むべきかを考えます。はっきり言えば、これは政治です。イスラームとは政治にほかなりません。宗教としてのイスラームと、政治としてのイスラームは別のものではないのです。

多くの日本人は、宗教というものは心の世界のこと、個人の内面の問題を扱うもので、政治や社会に関わるものではないというイメージを持っているように見えます。その色眼鏡を通して見ると、社会生活や政治に深く関わるイスラームは、なにか宗教としては異質なものに見えることでしょう。

けれども、こうしたイメージは明治以降、日本に政教分離という西欧政治由来の観念が移植されてからのもので、日本の歴史を振り返っても、宗教は個人の心の問題に限定されたものではなかった。むしろ政治と宗教が強く結びついていた時代のほうが長かったのです。

そもそもヨーロッパで政教分離の観念が生まれたのは、王権とキリスト教（特にローマ教会）との葛藤、キリスト教内部でのカトリックとプロテスタントの宗派間対立を調停するためでした。そうした歴史的経緯はあるけれども、それによって宗教対立による紛争がなくなり、社会が合理化されたというのは間違いです。

現に、二度の世界大戦は政教分離がなされた西欧列強によって引き起こされました。また、ナチス・ドイツのユダヤ人虐殺、スターリン体制下のソ連での大粛清、文化大革命期の中国の大弾圧、ポル・ポト体制下のカンボジアでの大虐殺、これらはみな政教分離の徹底された国家で起きたことです。そして今世紀になってから、世界各地で起きている多くの戦争や紛争に関与するアメリカ合衆国は、憲法（合衆国憲法修正第一条）で政教分離を定めている国です。

つまり、政教分離はそれ自体で正しいわけでもなんでもないのです。政教分離さえすれば問題が解決するように思うのは現代の妄信といってよいでしょう。

イスラームを理解しようと思うなら、まずは政教分離が万能薬であるという現代の妄信から自由になることが必要です。

イフティヤール――選択の自由

政治とは人間が自由であることを前提にして語られる領域です。ここでいう自由とは、具体的な政治的自由、経済的自由などのことではなく、人間が自由意志をもっていて、自分の行為を自分で選択しているという意味での自由です。

「選択の自由」などという言い方もしますが、イスラームではもともと「選択」という意味のアラビア語の「イフティヤール」が自由という意味の語でもあります。この意味での自由は、その人がどういう政治体制下で暮らしているかとは関係がなく、人間である限り持っているはずのものです。

自由意志に対立するのは自然法則で規定される自然界です。自然界で起きる出来事はすべて自然法則に規定されており、そこでは政治という概念は成り立ちません。万有引力の法則は政治的に決定されたものではないのです。人間も自然界に属する生物のひとつですから、その限りでは自然法則に規定されています。誰であれ物理法則を無視して動けるわけがありません。

しかし、自然界に属するものの中で、人間だけが（イスラーム的には人間とジンだけが）自由意志を持っています。自然法則を超えることはできなくても、それが許す範囲であれば、別の選択肢を選ぶこともできる。それが自由ということです。この自由があってこそ責任や義務も意味を持ちます。

自然界には、自由も責任も、権利も義務もありません。急な雨に降られてびしょ濡れになったからといって、雨雲を道徳的に非難することもできないし、クリーニング代を請求することもできません。自然現象には悪意も善意もなく、その結果について責任を問われることもないからです。

一方で人間の行動は自由意志による選択に基づいています。もちろん、現実の生活のすべてについて、いつも自由意志を意識して決断しているわけではないでしょう。たいていのことはなんとなくそうしたのであったり、ふだんそうしているからそうしたのであったりするものです。

けれども、人間にはなんとなくふだんやっているようなやり方以外の行動を選ぶこともできます。これが人間の習慣と動物の本能の違いです。昨日まではこうしていたけれども、今日からは別のことをしてみよう、と自分で選ぶことができるのが人間の自由です。

しかしこのことは同時に哲学・神学上の問題をも引き起こします。神が全知全能の造物主なら人間の自由にどういう意味があるのか、という問題です。これはイスラーム神学だけでなくキリスト教神学でも問題にされてきたことですが、ことにイスラームの場合、この世界のすべては、過去のことも未来のこともアッラーの知識の中にあらかじめあるわけですから、これはなかなか大問題になります。

「存在の領域」と「善悪の領域」の根拠

すべては神の知識の中にあるなら、そしてこの世界を創ったのが神ならば、人間の行為の善し悪しは神の意志であって、人間の自由意志など意味がないのではないか。こういう疑問は古来、幾度も提起されてきました。現代の哲学でもなお議論が続いています。

ここであまり煩瑣《はんさ》な議論をするつもりはありませんが、イスラーム神学ならどう考えるか、あるいはどう考えうるかということを示しておきましょう。

イスラームの神は、神学的に言うと非常に明快で、まず世界の創造主であるということ、つまり存在するものの根拠である。それと同時に人間に規範を示し、人間がそれに従うべき主であるということ、つまり善悪の根拠でもある。これに尽きます。

存在するものはただ存在するだけで、善悪はそれとは別にあります。そこに山があったり川があったりするのは、善悪とは関係がありません。ただあるのです。高い山があって山の向こうへの交通に不便だとか、川があって田畑に水を引けるから便利だとかは、これは人間の都合であって、山や川の問題ではありません。

「存在の領域」と「善悪（当為）の領域」がある。イスラームの場合はその区別を明確に定式化します。そういう意味ではイスラームは二元論的です。その両者の根拠となるのが神である。

ほかの宗教は、そうではない。愛だけだったり、善悪がなかったり、存在が根拠づけられていなかったりしますが、それがイスラームだとはっきりとわかる。「アッラーとは何か」というと、一言で説明ができてしまう。すべての存在の根拠であって善悪を決めるものが神である、これに尽きるわけです。

神は存在の根拠であって善悪の根拠でもあるわけです。善悪というものは、必ずしも存在するものばかりではない。存在しないけれども正しい(善い)ものもあれば、正しくない(悪い)けれども存在するものもある。そういう意味で、人間が選べる。

どういうことかというと、正しくない(悪い)けれども存在するもの、悪しき存在、これはすでに存在してしまっているわけですから、これをどうこうすることは人間にはできない。その存在を取り消すことができるのは存在の根拠である神だけです。しかし、存在しないけれども正しい(善い)ものは、もし人間がそれを望めば、神がそれを創り出してくださる場合もある。もちろん、存在しないけれども悪しきものの場合も同じことがありうるわけです。

このように、神によって人間の意志にゆだねられた領域がある。それを望むか望まないか、何を望むか望まないかを神が人間にお任せになった領域がある。それは人間自身の行為に関することで、それが善悪の領域である。この善悪の領域が成り立つためには、人間に自由が必要です。人間の自由は善悪を説明するためにあるわけですので、自由がなければ善悪は成り立たないのです。だから、倫理は自由とセットになっている。

なぜ政治だけを排除するのか?

現代の自然科学は存在の領域に特化した学問ですから、その中には人間の自由が入る余地はどこにもない。そこには人間の精神のようなものは入ってこないわけです。

それでは、どこから精神が生じてくるのか、西欧的科学ではそれを説明できません。あくまで科学主義、物理学主義的な人間観、人間機械論の立場をとるなら、そこには自由や責任なんて生じないわけですから善悪の問題もありません。けれども、それは問題を解決したのではなく、問題から目を背けているだけです。人間が生きている以上、道徳や政治の問題は必ず起きる。科学がそれを扱わないからといって、それがないことにはできません。

自然の秩序は人間の秩序とは別ですから、物理学と政治学を分けるのはかまわない。物理学と道徳を分けるのも、物理と倫理を分けるのもかまわないわけですが、政治と倫理、政治と宗教を分ける理由は何ひとつないわけです。人間という、自由を持って善悪に関わる存在についての学問が、なぜ政治を排除する必要があるのでしょうか。

政治も善悪に関わると同時に存在にも関わることなので、もちろん存在の秩序という意味での議論はあります。たとえば、一般的な傾向としては、権力を持った人間は腐敗しやすいとか、イスラームにもそういう議論はまったくないわけではないのです。

いちばん有名なのは、イブン＝ハルドゥーンという人で、王室というものがだいたい三代くらいで没落するメカニズムを、社会的な凝集力、党派心といったようなもので説明しています。彼の政治哲学はその一部が『歴史序説』（岩波文庫）として翻訳されています。けれども、それはあくまでも記述科学としての学問であって、人間が自由に選択をしたことによってつくられているわけではないですから、法学とか政治学とは別のものです。

世界五分前創造仮説

自由というものについて議論をするためには、まず人間のアイデンティティの話、そもそもいまの私と五分後の私が同じかどうか、そこから話をしないといけません。

自由という概念は、いまの私と五分後の私が同じ人間であるという前提があって初めて成り立つものです。突然妙なことを言い出したと思う人もいるかもしれませんが、逆の場合を考えてみればすぐにわかります。

たとえばあなたが喫茶店に入ってコーヒーを飲もうか紅茶を飲もうかと考えたとします。迷った末にコーヒーを頼んだ。五分後にあなたがコーヒーを飲んでいるのは、五分前のあなたの選択の結果です。もちろん、運ばれてきた紅茶を見て、自分が頼んだのはコーヒーだとウェイターに苦情を言っている場合でも同じです。

ところが、もし仮に五分前のあなたと五分後のあなたが別の存在だとしたらどうでしょう。五分前のあなたはコーヒーを飲もうか紅茶を飲もうかと考えていた。それとは何の脈絡もなく五分後のあなたはコーヒーを飲んでいる。この場合、あなたがコーヒーを飲んでいるのはあなたの選択の結果ではなく、ただ単にコーヒーを飲んでいるだけなのです。

つまり、ある行為の結果が、その行為主体の自由な選択の帰結であると言えるためには、選択する前と選択したあとの人格が連続していなければなりません。これが、自由が成立するための基本的な条件なのです。

しかし、その連続性を保証するものは何もない。人間は瞬間、瞬間で変わっています。生理的にも新陳代謝を続けているし、意識においても考えは刻一刻と変わっています。それを同じ人間であるというふうにするものは何かというところから始まるわけです。

イスラームの創造論では世界は神によって「無」から創られた。神はいったん創った世界をほったらかしにしているのではなくて、過去も未来もすべて創ったとイスラームでは考えます。この世界のすべてを創ったというのは、空間的な広がりにおいてだけでなく、時間的にもすべての瞬間のこの世界を神が創ったということなのです。それは最初に創った世界をちょっとずつ加工・変形してというのではなく、すべてが一瞬ごとに「無」から創られていく。ですから、いまから一瞬前の世界というものはいったんすべて消えるし、いまから一瞬あとの世界というものも、また新しく神によって創られる。

映画監督の仕事を思い浮かべるといいかもしれません。脚本を決めて、役者やスタッフをそろえて、最初のシーンのロケーションを決めて、カメラをすえて、「本番スタート」とカチンコを鳴らせば後は自動的に映画ができるのであれば苦労はありませんが、映画監督の仕事はそれだけではありません。すべてのシーンについて、カメラはこの角度から、このセリフはこういう感じで、あの人物の衣装はこうで、音響はこんな具合に……などと、ありとあらゆることを決めていきます。完成した映画を観ている私たちには、最初のシーンからラストシーンまで一連の出来事がひとつの物語となっているように見えますが、実際には場面ごとに監督がつくりだしたものです。

こうした議論はあまりにも突飛で、イスラームがますますわからなくなったと思われるかもしれません。しかし、この議論の難しいのはイスラームと日本との文化的コンテクストの違いによるのではなく、問題が哲学的な領域にあるからです。とはいえ、SF的発想に親しんでいる世代にはそんなに突飛な話でもないでしょう。

「もし、あなたを含める全人類が、それまでの記憶を持ったまま、ある日突然世界に生まれてきたのではないということを、どうやって否定するんですか？　三年前にこだわることもない。いまからたった五分前に全宇宙があるべき姿をあらかじめ用意されて世界が生まれ、そしてすべてがそこから始まったのではない、と否定出来る論拠などこの世のどこにもありません」

引用したのはイスラーム学者の文章ではなく、よく知られたライトノベル『涼宮ハルヒの憂鬱』（谷川流、角川スニーカー文庫）の登場人物のセリフです。このセリフを話しているのは高校生の古泉一樹という少年です。超能力者という設定ですが、たぶんムスリムではありません。

これは「世界五分前創造仮説」として哲学者バートランド・ラッセル著の『心の分析』（勁草書房）に登場するかなりポピュラーな仮説なのです。五分前というのは便宜的な設定で、一秒前でもいいし十二時間前でもいいのです。イスラーム神学では一瞬ごとに世界は創造されていると考えます。

さて、世界が私たち人間の意識を含めて、一瞬ごとにリセットされ、再創造されているとすると、ふつうの意味での因果関係は成り立たなくなります。私たちの日常はああしたからこうなったという連続性を前提にしています。この連続性が見かけだけのもので、宇宙は絶え間なくリセットされ続けているとすると、私たちが自らの自発的な意志で何をするか選択するという自由行為のモデルも意味を失います。自由が見かけだけのものになれば、ある人の行為の結果に責任を問うことはできません。道徳も倫理も意味のないものになってしまう。

この問題にイスラーム神学はどうこたえるのでしょうか。

無数の世界がある

イスラーム神学はアリストテレス論理学の「必然」「可能」「不可能」というカテゴリーを使って考えます。

不可能というものはひとつしかないし、必然というものもひとつしかありませんが、可能というものは不可能と必然のあいだにあって無数にあります。人間も、この世のすべてのものは存在のあり方としては可能態になるわけです。「可能」を意味するアラビア語「ムムキン」の複数形は「ムムキナート」。これがアッラーの知識の中にすべて含まれているのです。

本当に強い意味での神の全知全能性の議論だと、神はすべてを知った上で最善の行いをするのであり、いまある世界はこれ以外にはない最善の世界なのであり、すべては必然ですから、そもそも可能態というものはないことになります。ただ、そうなると自由や悪についての議論できなくなってしまいます。

ところが歴史上、イスラーム神学では、可能態を認めてきました。可能態を認めるとは、どういうことかといいますと、この世界のほかに無数の可能な世界があるということです。

たとえば、朝、自宅の玄関を出るときに右足から踏み出したか左足から踏み出したか。あるいは怪我をしていて杖《つえ》から先に出たか、なにか気分が高揚してぴょんとジャンプして両足で着地したか。そもそも出かける気にならなくて玄関から足を踏み出さなかったか。それによって世界が大きく変わることはないと思いますが、しかし、玄関を出るというだけでもいくつかの違う可能性があったわけです。玄関を右足から出た世界と左足から出た世界とでは、ほんのわずかな違いではあっても違う世界です。ましてや、出かけるのをやめて家で寝ていた場合は、その一日はかなり違うものになるはずです。

あのとき、違うことをしていたら、いまの自分はもっと違う人生を歩んでいたかもしれないとは誰でも思ったことがあるでしょう。片思いの相手に自分の気持ちを告白できていれば、とか、就職活動で妥協しないで別の会社に入っていれば、とか、後悔することのほうが多いのが世の常ですが、逆に、いまよりも悪い状況になっていたかもしれません。結果としてどちらがよかったのかはわかりませんが、よく考えてみれば人生には分岐点が無数にあるものです。なかには裕福で教育熱心で愛情にあふれた親の元に生まれていれば、などと考える人もいるでしょう。

この議論をもっと進めていくと、そもそも自分が生まれていない世界というのも考えられるはずです。

いまの例は個人の場合ですが、歴史というものにも無数の分岐点があります。もし織田信長が本能寺の変で死んでいなければ、とか、もしナチス・ドイツがアメリカよりも先に原爆の開発に成功していたら、とか、こうした仮定はSFなどでもおなじみのものです。

西欧哲学では可能世界意味論みたいなものもありますし、物理学では、宇宙は最初のビッグバンから無数に分裂していって、可能なかたちがたくさんあったという多世界論という考え方もある。それらがすべてイスラーム神学でいうムムキナートですから、世界はまさに無数にあるわけです。それらがすべて神の知識の中に含まれている。

無数の世界はすべて実在する

この世界も、その中にいる私も、いま、現実にある状態に至るまでに無数の分岐点があった。分岐点ごとに少し条件が違えば、また私が別の選択をしていれば、まったく別の世界と別の私もありえた。その組み合わせは無数にあって、いま、私たちがいるこの世界のほかにも可能だった世界が無数にある。

その中のひとつが、いまの私がいるこの世界である。

一瞬前の私、それは実はたくさんあって、いまの私から見るとひとつにつながっているのだけれども、実はそこには無数の可能性があるわけです。そのひとつひとつの点を切っていくと無限に分けられるわけですけれども、そこには実は連続性はありません。

それがなぜ同じ自分であるのか。

実は右足から出した私も左足から出した私も、コーヒーを頼んだ私も紅茶を頼んだ私も、そのほかすべての可能な私も、どちらも五分前の私に戻ると「それは私なんじゃないか」と言えるはずなのに、いまここにいる私だけが、「私である」と言えるのはなぜか。

これには、実は、物理的には理由はないのです。

本来、人間は、いまの自分と前の自分というものに連続性がないにもかかわらず、いまの自分から見ると過去の自分は全部ひとつながりの必然に見えてきます。実は一瞬前といまの私には連続性がない。しかし、瞬間ごとにたくさんの選択肢があって、その中には随意運動のように自分の選択で選べるものもあれば、不随意運動的というか、自分の選択によっては変えられないものもあります。

自分でコントロールできるもの、できないものを含めて、そういった無数の選択肢の中からひとつのものが選ばれているということが、いまの自分が昔の自分と同一性を持って最後の審判までひとつの流れとしてあるということを説明できます。そしてすべてのことはその人間から見ると自らの選択の結果として必然であったかのように見えるということです。

本当に私たちの世界が実在するようなかたちで、すべてのムムキナートが実在するかどうかというのは、これは『クルアーン』には明示的には書かれていないので、イスラーム的な理解として適当かどうかよくわからないのです。

私自身の暫定的な神学的結論は、我ながら信じがたい結論なんですけれども、まさに無数の世界が、すべて実在するというものです。

私が寝ている世界、そもそも、私がいない世界とか、まさに世界が始まってから終わりまでの無数の世界がすべてアッラーの知識の中にあるわけです。その中に、子どものころからのいろいろな無数の私がいるわけです。もう死んでしまっている私もいるかもしれません。さまざまな私が無数にあって、その中にいまの私もいるわけです。すべては実は同格に存在している。けれども、この、いま私たちが生きているこの世界、選択肢だけが、私一人だけではなくて世界中の人にとって、唯一そこで人間が意識を持っている世界である、というのがいまの私の暫定的な結論です。

この世界だけが、唯一の世界として倫理的な意味を持つ

実はこうした議論は哲学の中にもあるのです。

たとえば、映画の中で人物が動いていますよね。でも映画の中の人には意識はない。それは人の映像であって、意識のある現実の人間ではない。

実は意識があるのは自分一人だけで、ほかの人間はすべて意識があるように振る舞っているものの、実は意識のない人形のようなものではないのか。このような存在を哲学的ゾンビと言います。

これを可能世界に当て嵌《は》めてみましょう。私が生きているこの世界の人間はみな、私と同じように意識がある人間です。しかし、私が生きているこの世界以外にある無数の可能世界には、哲学的ゾンビしか存在しないのです。

つまり、この世界以外にも私と同じような人間が生きていたり、寝ていたりする世界があるわけですけれども、そこの人間には一切意識はない。

ですから実際にそこで罰を受けているシーンがあってもそこでは意識がありませんから、罰にならない。意識のある倫理的主体である人間は存在していないのです。世界は無数にあるけれども、この世界だけが意識がある世界なので、この世界だけが唯一の世界として倫理的な意味を持つ。この世界の人間にだけ、意識があって、罰があって、報酬があって、感情もあるというのが、いまの私の暫定的な結論です。

ただこれは、あくまでも私自身の考え方で、『クルアーン』の中の考えを神学的に敷衍《ふえん》するとこうなるはずだろうというような話です。ただ、展開していくとこれがいちばん説明として合理的だと思っています。

このように、私はこの世界だけに意識がある人間が存在すると思っていますけれど、これは必ずしもそうではないのかもしれません。しかし、私の考え方だとほかの世界は意識がないわけです。影だけであって、この世界だけがその意味ではリアリティーを持っているということです。

私たちは選択を重ねてきて、ほかにもありえたかもしれないけれども、現実にはこの唯一の人生について、一人の人間として認められる。私たち人間が存在する、私たちというものが存在することが、神によって認められるのが最後の審判なのです。

すべての自分、昔の自分もいまの自分も含めて、すべての自分がひとつになったものとしての意識を持って、神の前に立つ。それが最後の審判です。

預言者ムハンマド

造物主であるアッラーは人間に自由を与えた。

自由に選択できるということは悪も選びうるということだから、それなら最初から善のみを選ぶようにしておいてくれればよかったのに、という意見もあるでしょうが、善も悪も選びうるからこそ、善を選ぶことに意味があるのです。それが意識のある存在というものです。ですから、意識と選択と自由はひとつのもので、これがない人間は瞬間ごとに生じては消えてゆく世界の映像の一コマにすぎないわけです。

善を選ぶか、悪を選ぶか、その判断は人間にゆだねられているのですが、何が善で何が悪か、その基準を神はお示しになった。

それがシャリーア、法です。

神はこの法を人間たちに知らせる使命を、一人のアラブ商人に託しました。

それが預言者ムハンマドです。

歴史上の人物としてのムハンマドについては伝記がいくつも出版されていますから、ここでは詳しく述べずに、預言者とは何かについて説明しておきましょう。

まず、ムハンマドをイスラーム教の開祖とか教祖とする説明を見かけますが、開祖とか教祖という言葉を、新しい宗教を創始した人という意味で使うなら、ムハンマドについては少し違います。ムハンマドは自分で教義を考え出したり、崇拝対象をこしらえたりしたのではなく、神の呼びかけに応えて神の法を託された預言者です。

しかも、ムハンマドに法を託した神は、ユダヤ教のモーセに十戒を授けた神であり、キリスト教のイエスに新しい契約を託した神と同じ神です。イスラームとしては、ムハンマドは古くからあるアブラハムの神が最後に遣わした預言者で、自分の考えた新しい神を宣教しているのではなく、あくまで神の法を人間にもたらしているのだということになります。

預言者の特徴は、法をもたらすことと無謬《むびゅう》であることです。

預言者は法をもたらす。一日五回の礼拝をするというのも預言者のもたらした法です。これは正統な教義で確立していますので、ほかの人が変更することはできません。

もうひとつの特徴である無謬性、決して間違いを犯さないということも預言者にしかないことです。預言者以外の人について無謬性を主張したら、それは異端ということになります。これは個人についてだけでなく国家についても同じことで、絶対に間違いを犯さない国家なんてありえない。

預言者にならいて

キリスト教の場合、イエスは神の子とされていますが、イスラームの預言者ムハンマドはただの人間です。イスラームでは、イエスも先輩格の預言者ではあっても神の子だというのは誤伝だとします。モーセもイエスもムハンマドと同じ預言者で、その意味ではただの人間です。ただの人間だからといって尊崇しないわけではありません。ムスリムはムハンマドに最高の敬意をいだいています。

キリスト教でもイエスを崇拝して、「イミタチオ・クリスチ」（キリストにならいて）などといいますが、実際にどれだけイエスにならっているかというとすごく疑問です。そもそも、「イエスの言葉」はあまり残っていないのです。近年の文献学の進歩は、『新約聖書』の記述がイエスの実像をあらわしているという夢を打ち砕きました。『新約聖書』でイエスの言葉とされているものの中で、実際にイエス本人が言っただろうとされるものはほんのわずかしかないことが明らかにされています。

ですから、「イエスにならえ」「キリストにならえ」といっても、実はイエスが何をやっていたかよくわからないので、あまりならないようがない。しかも、イエスの場合は、実際三〇歳ぐらいまでしか生きていませんので、公の場面では結果も残してない。しかも、イエスがキリストとして活動した期間は約二年間です。これではイエスという人がどういう人だったのか、よくわからないというのが本当のところでしょう。

イスラームの場合は違います。ムハンマドは預言者として二二、三年間にわたって活動して、大勢の人と出会い、いろいろなことをしています。しかも、残っている記録の量が全然違います。彼の言行録であるハディースも多すぎるくらいにあります。

ですから、ムスリムがムハンマドの行動に照らして自らの生活を律しようとするとき、それはまさしくそのようにできるのです。私は、それほど真似《まね》しているほうではないのですが、たとえば、服装ひとつとってもそうですし、あるいは、まさに彼が一四〇〇年前にやっていたのと同じ日程で、同じ言葉で、同じサウム（断食）で、同じ礼拝をする。同じものを飲み、同じものを食べる。そこまでやるわけです。キリスト教とは、まったくレベルが違うと私は思っています。ムスリムの場合、一挙手一投足、たとえば「水を飲む」ということだけでも、イメージしたように、ムハンマドにならって飲んでいるわけです。

こうした預言者との一体感は、サウディアラビアなどに行くとよくわかります。彼らにとっては、私たち日本人が「日本人の祖先たち」を「自分たちの祖先」と思っているのと同じ意味で、ムハンマドは「自分たちの祖先」です。ムハンマドが生きた同じところで暮らして、同じ言葉をしゃべって生活しているわけですから。

学者と聖者

預言者は神の法をもたらすことによって、神と人間とをつなぐ役割を果たしているわけですが、イスラームには学者（ウラマー）や聖者と呼ばれている人たちもいます。

日本の報道などで「イスラームの聖職者」という言葉が使われることがありますが、厳密にはイスラームにキリスト教の聖職者や仏教の僧侶のような、階級としての聖職者はいません。日本の報道で「イスラーム聖職者」と呼ばれている人たちは、たいていは学者です。有名なところではイランのホメイニ師などがそうです。

彼らの多くはイスラームの法学者で、法解釈について権威ある見解を出すことはできますが、神の法を新たにもたらしたり、いまある法を変えることはできません。それができるのは預言者だけで、イスラームではムハンマドが最後の預言者であるとされていますから、基本的に法改正はありえません。

ウラマーは伝統イスラーム教育を受けた者のことですが、最近はムスリム知識人と呼ばれる人たちもいます。たとえば、軍のクーデターで解任されたムスリム同胞団出身のエジプト元大統領ムハンマド・ムルシーはもともとは工学博士ですが、世俗の教育を受けていてイスラームに関しても知識がある人間です。私自身もそういう立場です。ムスリムですが、大学で思想としてのイスラームを学んだ知識人、思想家です。

学者のほかに聖者と呼ばれている人たちがいます。聖者にあたる言葉自体がひとつとは限らないのですが、「ワリー」という言葉がいちばんよく出てきます。「後見人」というのが基本的な意味です。ワリーというのはもともと、「近しい者」といった意味もあり、「神に近しい者」という意味で使われることが多い。

イスラーム学の用語では預言者、特に使徒とも呼ばれる、歴史に名を残した預言者たちは、人々にシャリーアをもたらすために神から遣わされた無謬の存在であり、預言者が遣わされた民はみな、その預言者に従わなければなりません。

聖者は時に神の霊示を聞くことがあるとしても、間違いを犯すこともあります。また聖者が神から授かる霊示はその聖者だけに向けられたものです。だから聖者は人々に法を与えることはありません。また人々には無謬でない聖者に従う必要はありません。

預言者のように完璧ではないけれど、普通の人よりは神に近い、そういった人間が聖者と言われるものです。タリーカなどと呼ばれる教団をつくり指導者になって、一般信徒を指導する場合もあります。生きていても死んでいてもいいのですが、その人間にアッラーへのとりなしを願うこともある。

民衆レベルだとそういう神学的な枠組みさえ守らずに、聖者に病気を治してくれと頼んでしまう場合もあるのですけれども、基本的には聖者が治すのではなくて、アッラーが私の病気を治してくれますようにと聖者に頼んでもらうという理解です。

聖者自身に頼むことは、これは明らかに多神崇拝になるので本来厳禁です。それでも実際にはそういうことが行われています。擁護する側から見ると、それはあくまでもアッラーへのとりなしを頼んでいるんだということになるのです。歴史的には、こういった人たちがイスラームを広めてきたとも言えるわけです。

基本的には、そういう人間が存在するということは原理的には認められています。ただし、聖者の奇跡には恩寵《おんちょう》という意味の「カラーマ」という言葉があって、言葉としては「ムウジザ」という預言者の奇跡とは別なのです。預言者の示す奇跡は、預言者から神の言葉を聞いた人間が、彼が普通の人間ではなくて神からの特別な使命を授かっているということを否定できないような、特別な奇跡なのです。

そうではなくて単純に、病気などを治す力を、聖者とされる人間がたまたま神からの恩寵として与えられることもありえます。これ自体はイスラームの合意事項です。ただし、個々の人間が聖者であるかどうかは別の問題なのです。ある人を聖者と認定することが許されるかどうかは個別に判断するということです。

私は原理的には認めていますけれども、個々の人間に関して、そういうものを判定することはない。あるかもしれないし、あってもいいという感じです。どちらにしてもそれは法とも政治とも関係ありません。

不在だったカリフ

ここまで宗教としてのイスラームの宗教学的な側面、神学的な側面、哲学的な側面、信仰生活の側面などをなるべく広く知ってもらいたいと思って、多少の脱線もしながら説明してきましたが、何度も繰り返したように、イスラームの本質は倫理的人間観に立つ法学的思考にあります。

たいていの日本人の目には奇妙な風習にしか見えないであろうイスラームの戒律や、テロ行為にしか見えないジハードも、豊かな宗教文化と、緻密《ちみつ》な思考に支えられた社会構造の背景を知れば理解が可能です。

しかしながら、これまで述べてきたことは、どちらかといえばイスラームの原則論に立って述べたもので、現実のイスラーム社会は必ずしもここで述べてきたようなものではありません。

現代のムスリムたちの現状は、関西弁でいうと「てれこ」という言葉の語感がぴったりくるのですが、ちぐはぐというかあべこべというか、はっきり言えば、イスラームの基準からは大きく逸脱したものをイスラーム的としている現実があります。

社会現象面では、ハラール商法やイスラーム銀行などはイスラームとは似て非なるものです。同じことの政治的あらわれとしては、イスラーム「諸国」が存在し、そこで西欧流の法制度によって国家が統治されているということ、このこと自体が、自由意志を保障するイスラームの原則からはずれています。

細かな例を挙げていけばきりがありませんが、逸脱の最たるものは、カリフが不在であったことです。

カリフとは預言者ムハンマドの後継者であり、イスラームの最高権威者です。カリフの不在はイスラームにさまざまな問題を引き起こしてきましたが、二〇一五年現在、イラクとシリアにまたがる地域を実効支配する勢力が、「イスラーム国」の成立を宣言して、カリフ制復興の旗をふりました。このイスラームの現代史に刻まれる事件をどう評価するかも含めて、次章ではカリフ制について論じます。

第五章　カリフ制について考える

定規で引いたような国境線

「哲学はごく身近の不思議な事柄に驚異の念を抱くことから始まった」（『形而上学』）と言ったのは、古代ギリシャの哲学者アリストテレスでした。そこで読者の皆さんにも、ここでちょっと驚いてもらいたいと思います。

お手元に世界地図をご用意いただいて、北アフリカから中東（西アジア）にかけての地図をご覧ください。地中海をはさんで北側にあるヨーロッパ諸国の地図と見比べると明らかな違いがあることがわかります。考えるまでもなく一目でわかることです。

ヨーロッパ諸国の国境線はうねうねと曲がりくねっていますが、北アフリカ諸国や中東諸国の国境線は比較的まっすぐで、なかには定規で引いたようなところもあります。エジプト、スーダン、リビアが国境を接しているところなど、なんと直角です。

どうです？　驚きませんか。

日本は海に囲まれているので、ふだんは国境をあまり意識しないかもしれませんが、国と国の境界というものは、対立と妥協の長い歴史を通じていまのかたちになったものですから、ヨーロッパ諸国のようにうねうねしているのです。直線や、ましてや直角の国境線なんて、たいへん不自然なものです。これはぜひ驚いてほしいところです。

なぜこんな不自然な国境線があるのか。まるで誰かが地図に定規を当てて線を引いて決めたかのようです。そして、実際、そうなのです。

本来、国境線も何もなかった大地を直線で区切ったのはイタリアとイギリスです。かつてリビアはイタリアの植民地でした。エジプトとスーダンはイギリスの植民地でした。つまり、イタリアとイギリスの植民地分捕り合戦の結果、あの不自然な国境線が引かれたのです。

こんなふうにお話しすると、たとえば、まずリビアという国があって、それがイタリアに征服されて植民地となり、やがて独立して主権を回復した、というように思われるかもしれません。けれども古代ギリシャでは、「リビア」とはひとつの国家の名前ではなく、エジプトを除く北アフリカの地中海沿岸地域一帯を漠然と指す言葉でした。

それでは、西欧諸国が植民地支配する以前の北アフリカ一帯はどうなっていたのでしょうか？

かつてそこにあったのは広大なイスラーム世界でした。歴史上は、ウマイヤ朝、オスマン帝国などと、統治権力の名称は変わっていますが、その原型は、預言者ムハンマドとその後継者たちがつくりあげたイスラーム共同体、ダール・アル＝イスラーム（イスラームの家）です。

現在、イスラーム諸国と呼ばれている国々は、西欧の宗主国から独立するというかたちで、旧植民地の国境をもとに独立しました。そのため、植民地時代にどの国が旧宗主国だったかというところが国家のアイデンティティになってしまっています。

今度は東南アジアから例をあげましょう。たとえばマレーシアとインドネシアとブルネイがなぜ違う国なのか？　先ほどは国境線に注目しましたが、今度はそこに住む人々がどういう人なのかを調べてみます。

どちらも多民族国家ですが、共通語はマレー語です。この言葉はマレーシアではマレーシア語、インドネシアではインドネシア語、ブルネイではブルネイ・マレー語と呼ばれていますが、方言程度の違いしかありません。

マレーシアとブルネイはイスラームを国教とし、インドネシアは法的に信教は自由ですが、ムスリムが多数を占めています。

たとえて言えば、関西と関東と東北が違う国になっているようなものです。

要するにインドネシアとは、オランダ領であったところが独立してインドネシアになったのであって、イギリス領だったところがマレーシアとブルネイになったのです。もともと同じ言葉を話していた人たちだったのに、「何で別れちゃったの？」というと、かつてオランダ領だった、あるいはイギリス領だったということであるにすぎません。

このように、どこの植民地だったかということがアイデンティティになって、違いのある国がいくつもできてしまった。ほかにも、たとえば、リビアとか、チュニジアとか、アルジェリアとか、あの辺の国々はみんな北アフリカの同じイスラームの文化圏だったけれども、それがフランス領（アルジェリア、チュニジア）になったり、イタリア領（リビア）になったりしたことによって分割された結果、旧イスラーム圏が近代国家として独立したときに現在の諸国のかたちになったというわけです。

ですから、イスラーム世界のことをダール・アル＝イスラームと言ったりしますが、現在のイスラーム諸国が集まってつくった国際機関イスラーム協力機構がそれにあたるかというと、それは本来のイスラーム社会のあり方とは違ったものになってしまっていますから、ダール・アル＝イスラームとは言えません。

いま、イスラーム世界はこの状態だけれども、イコール最初からあったイスラームだと思うな、ということです。

領域国民国家体制への編入

いま、世界中で領土問題が取り沙汰されていますが、イスラームにおいてはそうした議論は起こりえません。というのも、本来のイスラームには国土の範囲を定める境界線としての国境という発想はないからです。もちろん大雑把にイスラーム法の及ぶ地域というイメージはあるわけですけれども、それはあくまでもそこで生活する人間がいて、その人がイスラーム法に従っているかどうかということで決めていきます。

つまり、どこからどこまでが私たちの意識するようなイスラーム国家であったのかというと、そういうものは、ないと言えばない。これは裏返せば、どこまでが国境というのかはっきりしない、そういうものとしてあった、と言えるでしょう。

領域ははっきりしないけれども、だいたいの合意はあります。たとえばサウディアラビアやエジプトなどは、疑う余地のないイスラーム世界、ダール・アル＝イスラームの中核部分でした。

大きな意味でのイスラーム世界というのは、東はマレーシア、インドネシアくらいから西はモロッコあたりまで広がっています。それから北を見れば、もうかなり縮小されていますが、現在、ロシアの一部であるチェチェンや、旧ソビエト連邦のタジキスタン、カザフスタンなど、その辺がイスラーム世界としてあった。

もっとも、オスマン朝トルコ、あるいはガージャール朝イランは、形式的には独立を保ちました。しかし実際には、国家財政を欧米資本に握られてしまったため、ほとんど半植民地化されて、西欧的な、はっきりと「ここまでは○○国だ」という領域国民国家体制に組みこまれていくということが少しずつ進んでいったわけです。

こうして、近代から現在にかけて、もともとひとつの大きなダール・アル＝イスラームだったところが西欧に植民地化されてしまって、国境線によって分割されてしまったのです。

こうしたイスラーム的国家観は、一般的な日本人が持っている近代国家のイメージと大きく違うので戸惑われるかもしれません。

ところで、「近代国家」とは何でしょう？

いきなり聞かれても困りますよね。「近代国家」という言葉は、西欧史の時代区分をあらわしているにすぎませんから中身がわかりません。そこで、本書では近代国家の特徴を言いあらわす言葉として「領域国民国家」という言葉を使います。

領域というのは領土・領海のことです。

どこからどこまでが自国の支配が及ぶ領域であるということを、国境線で囲ってはっきりさせるのが近代国家の特徴です。

そして国民というのは、単にその国に住んでいる人々ということではありません。国家によって、国民として登録された人々が国民です。近代国家とは、自国の領域内に住む人たちのなかでも、登録された人だけを「国民」として扱う会員制のクラブみたいなものです。これが領域国民国家です。

領域国民国家をモデルとすると、イスラームの国家像はなんともはっきりしない、ぼんやりしたものに見えるでしょう。国境はあいまいですし、前にも言いましたが、イスラームには信者を登録する組織がないので、ある人がムスリムかどうかは、その人の自己申告によるのです。ですから、国家によって登録された国民という概念になじみが薄い。

もちろん、現在、イスラーム諸国と呼ばれている国家は、おおむね西欧近代の法制度を取り入れていますから、国境もあれば国民もいます。けれども、それは本来のイスラームの伝統から言えば、近代化のための方便なのです。

ダール・アル＝イスラーム

現在のイスラーム圏、あるいはイスラーム諸国がそのままダール・アル＝イスラームというわけではないと言いました。もう少し厳密に言うと、ダール・アル＝イスラームというのはあくまでも規範的な概念ですから、その意味では完全なダール・アル＝イスラームはどの時代にもそのままでは存在しません。ただし、それにかなり近いものがあったとは言ってもいいと思います。

歴史上、実在したダール・アル＝イスラームに最も近いもの、それは、現在のイスラーム世界の原型、預言者ムハンマドとその後継者たちが築いた最初のイスラーム国家です。

預言者ムハンマドは、広大なアラビア半島の大半を彼一代でほぼ統一します。そして、預言者とともに戦った直弟子たちによって、わずか三〇年ほどのあいだに、いまの国名でいえば、東はアフガニスタン、北はイラン、イラクからシリア、西はエジプトからさらにアルジェリアまで、広大な領域が征服されます。

六三二年に預言者ムハンマドが亡くなって、分裂の危機に見舞われたイスラームは、預言者の親友で最古参のメンバーだったアブー・バクルという人物を、神の預言者の代理人として、指導者に選びました。

このとき、預言者ムハンマドの親族は葬儀の準備に追われていて、預言者のいとこで有力な後継者候補だったアリーという人物が後継指名の会議に参加していなかった。このことが後に禍根を残すのですが、それについてはまた後ほど説明します。

ともあれ、やはり古参メンバーで有力者だったウマルという人物の推薦で、アブー・バクルが預言者亡きあとの指導者ということになりました。

アブー・バクルは就任する際に「人々よ。私はあなたがたの中で最良の者であるからといって、あなたがたの上に立つわけではない。それゆえ私が正しければ私を助け、私が誤りを犯せば私を正して下さい」「私がアッラーとその使徒に従う限り私に従いなさい。もし私がアッラーとその使徒に背いたなら、あなたがたには私に従う義務はない」と宣言したと伝えられています。

代理人のことをアラビア語でハリーファと言いますが、これがヨーロッパ語でなまって、イスラームの政治的指導者をカリフと呼ぶようになりました。指導者を意味するイマームという言葉もありますが、本書ではイスラームの政治的指導者を指す言葉として広く使われているカリフを用いて説明します。

カリフ、預言者の代理人

アブー・バクルが、カリフとは預言者ではなく、あくまでも預言者の代理人であり、新たな法をつくるのではなく、預言者のもたらした法であるシャリーアに従うのだとしたことは、重要なポイントです。

イスラームでは、神は一人、法はひとつ、預言者も一人なので、預言者の代理人であるカリフもまた一人です。これによって、宗教的な権威、政治的な権力の乱立が防がれることになります。

カリフが一人であることから、形式上は独裁制に似ているように見えるでしょうが、カリフは預言者ではなく、預言者の伝えた神の法に従うだけで、新たな法をつくったり、解釈を変更したりすることはできませんから、権力を恣意的《しいてき》に運用することはできません。これは独裁とはまったく違う政治のあり方です。

その逆に、形式上は民主制でも、権力者が恣意的に新たな法をつくったり、従来の法解釈を変更できたりするならば、それは実質的に独裁制と変わりません。ナチス・ドイツのヒトラー政権が当時、最も民主主義的と言われたワイマール憲法体制下で成立したという話は有名です。かの悪名高いユダヤ人虐殺政策も、国内法的には合法的に実行されたのだということは象徴的です。

アブー・バクルがどのような思いでカリフのあり方を表明したのか、もともと謙虚な人柄だったのか、預言者ムハンマドの教えに忠実であろうとしたからなのか、おそらくその両者でしょうが、結果として彼は、本当の意味での法の支配の体現者としてカリフを位置づけたと言えます。カリフとは法の支配を保障する装置なのです。

初代カリフ、アブー・バクル

さて、アブー・バクルの時代は内乱の時代でした。カリフの地位にあった二年間、アブー・バクルはイスラームの内紛の芽を摘むことに奔走します。

預言者ムハンマドが亡くなったときにはお膝元のマディーナですら、もともとの地元の人たちは、「我々はムハンマドに従っていたんだ」としてイスラームから分かれようとしたくらいでした。

これには理由があって、イスラームは一枚岩の集団ではないからです。まず、預言者ムハンマドが生まれ育ったマッカの有力部族クライシュ族の出身で、初めからムハンマドに従ってきた人たちがいます。アブー・バクルやアリー、ウマルもそうした人たちです。

次に、マッカで弾圧された預言者たちはマディーナに移住するのですが、そのときイスラームを受け入れて預言者を支援したマディーナの人たちがいます。

三番目が、イスラーム勢力が大きくなるにつれて合流してきたアラビア半島各地の諸部族の人たちです。

そして、最後までイスラームと反目していたけれども、ついに預言者ムハンマドに降伏してイスラームに加入した、マッカの旧支配層であるクライシュ族の有力者たちがいます。

預言者ムハンマドはもともとマッカの人です。マッカとマディーナというのは距離的にだいたい東京と大阪くらい離れています。もちろん昔ですから、いまと違って新幹線に乗ってすぐに行けるわけではないので、かなり遠い。そこに、預言者ムハンマドは最初期の信徒たちを連れて移住し、国をつくったわけです。

その後、亡くなる二年ほど前にマッカを征服して、自分の故郷に錦を飾ったわけです。その間八年、マディーナに移ってからも戦争をやっていたのですが、マッカ征服にあたってはほとんど犠牲者もなく、それまで敵対していた人たちがみんなイスラームに入りました。

けれども預言者は、イスラームのいちばんの聖地で、自分の生まれ故郷でもあって、錦を飾って帰ったマッカに残らずに、マディーナに戻ります。マディーナのほうが、いま風に言うと首都になったわけです。

預言者ムハンマドが亡くなる直前に、まずマッカのいままで敵対していた人たちがみんな仲間になった。イスラームは原則的に来る者拒まずなので、私たちムスリムにとっては当たり前のことですけれども、考えてみればすごいことです。ついこのあいだまで殺すか殺されるかというような争いをしていた人たちが仲間になったわけですから。

それまでずっと「ムハンマドは偽預言者だ」と言っていた人間たちが、征服されてムスリムになったわけですから、その中には内心では含むところがあった人間もいるであろうというのは、普通に考えても自然なことです。ただイスラームは、そういうことは詮索しない。みんなムスリムになってよかったね、ということになるわけです。

ともかく一神教のイスラームと、当初、多神教を信仰していたマッカの住民との戦いに決着がついて、カアバという大神殿を抱えていたマッカ側が負けた。そこで、アラブのいろいろな部族がみんな雪崩《なだれ》を打ってイスラームに入ってきた。けれども、いまのように通信手段もありませんし、言葉も、そもそも共通の標準語がない。もちろんアラビア語ではあるわけですけれども、地方の方言差も大きく、表記はバラバラでした。そういう人たちがいっぱい入ってきました。

当然、後からムスリムになった人たちは、預言者ムハンマドにもともと従っていた人たちとはイスラームの理解が違います。しかし、新規参入者の方が多数派になってしまい、これが預言者亡きあとの内紛の原因になります。

もともとマッカからマディーナに逃げてきた最古参の人たちが預言者の仲間のクライシュ族です。それと、マディーナでそれを迎えて助けた人たち。預言者が亡くなったあとに、そのふたつがまず分裂しそうになります。

マディーナの人たちは、預言者の元に私たちは従ったのだけれども、彼が亡くなったので、私たちは私たちのリーダーを立てよう、あなた方マッカから来た人たちはあなた方でリーダーを立てればいいじゃないかといって、分裂含みになりました。

そういう成り行きになっていたところに、アブー・バクルと、のちに二代目のカリフになるウマルが乗りこんでいき、「そういうことはダメだ。イスラームはひとつなんだから」と説得をします。結局そこで最古参のアブー・バクルがカリフになることで話がつき、一応マディーナの人たちは、それに従ったわけです。

こうして、アブー・バクルたちはイスラームの本拠地であるマディーナを固めたのですが、事態はそれだけではおさまらず、自称預言者というのを担ぎ出してイスラームの劣化コピーみたいな運動を始める連中も出てきました。アブー・バクルはこれを鎮圧しなければならなかったのです。

また、預言者ムハンマドは、各地からザカーという浄財をマディーナに送って、そこからアラビア半島各地へ再分配するというシステムを築いたのですが、このシステムはもう受け入れないという人たちがいっぱい出てきました。

この浄財の再分配システムは、基本的には貧しい人の支援のためにあります。ルールとしては、集めたお金や物資はその土地で使うのが基本です。いったんマディーナに送るというか、報告するのですけれども、基本はその土地で使います。しかし、特別にどこか飢《き》饉《きん》のところがあったとすればそちらへ送ってもいいけれども、基本はその土地で分配することになっています。

こういうシステムですから、イスラームに中央の機関がいらないというのは、なくてもそんなに困らないからなのです。ただし、いまみたいにイスラーム世界が広くなって、貧富の差が激しくなれば、困っているところにお金や物資を送るということになります。

当時のアラブは人類学で言う遊牧部族を原型とする環節社会（社会的分業が未発達な社会）であり、国家機構などなく、与える者・与えられる者などという概念は存在しませんでした。彼らはあくまでも神の預言者を名乗るムハンマドという人物に従い、彼に浄財を納めていたつもりであり、国家というシステムの元首に納税しているなどとは思いも及ばない者がたくさんいました。

こうした人たちは、ムハンマドが亡くなったのに、預言者でもない自分たちと同じただの人、アブー・バクルになぜ浄財を納めなければならないか理解できなかったのです。ともかく、あちこちから反対の声があがりました。

これに対して、アブー・バクルは説得に駆け回りました。そうして、預言者ムハンマドの死によってゆるみかけたイスラームの絆《きずな》を、再びしっかりと結びつけ、アラビア半島を再統一する仕事をしたのです。

こうして、わずか二年間で、アラビア半島にイスラームを永続的な宗教として、システムとして定着させた。これがアブー・バクルの時代です。

二代目カリフ、ウマルの大征服

アブー・バクルの死後、カリフの地位はウマルに引き継がれます。このウマルの時代から大征服が始まりました。特にウマルの時代に、いまのエルサレムの辺りや、シリア近辺が勢力圏に入ります。

シリアはいまでは完全にアラブですけれども、当時はアラブではなかった。ただもともとシリア語はアラビア語に近い言葉でした。預言者ムハンマドも一時期、シリアの方まで隊商で行っていますから、シリア語とアラビア語の違いはかなりあるとはいえ、方言の違いとも言えるレベルでした。

シリアは、もともとキリスト教の中心地でもありましたし、非常に豊かな土地でもあります。文化的にも経済的にも最先進地域でした。そのシリアがウマルの時代にイスラーム化された。これは後のイスラームの発展にとって大きな意味を持つ出来事でした。

さらに、ウマルの時代にエジプトも征服します。エジプトも最先進地帯です。現在のイラク、イランにあたるサーサーン朝ペルシアも完全に滅ぼします。

当時、ローマ帝国はあったわけですけれども、ローマ帝国は、西は蛮族で、東の方がずっと文化的に進んでいた社会だったのです。なかでも、シリアとかエジプトがいちばん豊かでした。その部分が全部イスラーム化されました。ローマ帝国のいちばん豊かな南半分をとったわけです。

三代目カリフ、ウスマーンの『クルアーン』編纂

三代目のカリフはウスマーンという人です。ウスマーンもアブー・バクルと同じ、預言者ムハンマドの早い時期からのお弟子さんです。

ウスマーンはウマルの事業を引き継ぎ、イスラームの勢力圏を広げていきました。ほぼ同世代のアブー・バクルとウマル、ウスマーンがカリフのあいだに、アラビア半島の統一から始めて、東はアフガニスタンから西はアルジェリアまで、北はいまのシリアまで含む広大な地域を、本当にわずか三〇年くらいで征服しました。モンゴルの大征服と同じくらい、あるいはそれよりも速いくらいのすごいスピードでイスラーム圏は拡《ひろ》がっていったのです。

ウスマーンの時代に広がったイスラームの勢力圏が、いまイスラーム世界と呼ばれるダ

ール・アル＝イスラームの中核となります。

しかし、この人の功績でいちばん大きなものは、『クルアーン』の編纂でしょう。それまで、生前の預言者ムハンマドに接したお弟子さんたちが、それぞれのやりかたで伝えてきた『クルアーン』の言葉を集め、整理して文書化しました。これは世界宗教史的に見て画期的な事業でした。

仏教、キリスト教、イスラームを世界三大宗教と呼びますが、開祖の直弟子たちが存命のうちに教義が文書化されたのはイスラームだけです。

仏教は釈迦の死後、第一結集と言って、釈迦の高弟たちが集まって教義と戒律を確認したと言われていますが、文書としては記録されず、現在、私たちが読むことのできる経典が整備されたのはずっと後の時代になってからでした。

キリスト教も『新約聖書』が成立したのは、イエスの死後、かなりの時間が過ぎてからです。そのため、仏教でもキリスト教でも、伝承されている教義のなかで、どれが教祖の真意に近いもので、どれが後世の人の脚色によるものなのか、専門家のあいだでは議論がたえません。

しかし、イスラームの場合は、自らも預言者ムハンマドの直弟子であったウスマーンによって、まだ預言者の肉声の響きが多くの人たちの耳に残っていたであろう時期に『クルアーン』が編纂されましたから、そうした論争の起こる余地はありません。おかげで、イスラームは教祖の肉声に最も近い聖典を持っているのです。

ただしこのウスマーンはウマイヤ家の人間でした。ウマイヤ家というのは、マッカのクライシュ族のなかでも、イスラーム迫害の先頭に立っていたグループです。

ウスマーンこそ自分の親戚たちとたもとを分かち、早くからイスラームに帰依して預言者ムハンマドたちと苦楽をともにしたわけですが、後にウスマーンの後継者を名乗ってウマイヤ朝を開いたムアーウィヤの父親は、最も激しく預言者を攻撃していました。ウマイヤ家というのはそういう人たちだったのですが、マッカ陥落とともに改心してイスラームに参加することになった。そのため、特に預言者の親族たちからは、いまひとつ信用されていなかったふしがあります。

ところが、ウスマーンはカリフに就任すると、ウマイヤ家の人間を重用するようになります。これが不信を呼び、ウスマーン時代というのはイスラーム世界がいちばん拡大した時代ではありましたが、マディーナで内乱が起きて、ウスマーンは自宅を包囲され遂には殺されてしまいました。

シーア派とスンナ派

ウスマーンが殺されて、預言者ムハンマドのいとこにあたるアリーという人物が四代目のカリフに就任します。

アリーは、孤児になった幼いムハンマドを引き取って育てた伯父の息子で、預言者の娘ファーティマを妻に迎えたこともあって、早くから後継者候補として有望視されて、熱心な支持者たちがいたようでした。このアリーの党派が、いま、イランで盛んなシーア派という宗派の原型です。

支持者たちがアリーこそイスラームのプリンスと思っていても、古参幹部たちがカリフの地位をたらいまわしにしていて、なかなか出番がきませんでした。ウスマーンが殺されて、ようやくアリーがカリフに就任したわけです。

ところが、ウスマーンが殺されたとき、アリーもマディーナにいたのですけれども、助けに駆けつけませんでした。イスラームでは人が殺された場合、遺族は下手人を殺すか、あるいは賠償金を取る。それはカリフの判断で変えられるものではなく、殺された人間の遺族の権利です。

ところが、ウスマーンが死んだあとで、アリーはこれをしませんでした。

ウスマーンが死んで、やっとカリフに選ばれたアリーは、結局ウスマーンの仇《かたき》を討たず、賠償金もとりませんでした。それに対して、当時シリア総督だったムアーウィヤはウスマーンと同じウマイヤ家の人間なので、当然、不満を抱き、アリーに対して忠誠を誓うのを拒みます。

そして、また内乱の時代に入るわけです。アリーは、満を持したようにカリフになったのですが、その治世は内乱で終わってしまう。

アリーはムアーウィヤの内乱の過程で暗殺されてしまいます。アリーの死後、その長男のハサンがムアーウィヤと手打ちをして、ムアーウィヤにカリフの地位を譲る。それでイスラームはようやく再統一されるわけです。

ムアーウィヤはカリフの地位を自分の息子のヤズィードに世襲させます。それまでの四代のカリフ、アブー・バクル、ウマル、ウスマーン、アリーは、同じクライシュ族ですから広い意味では親戚ということになるわけですけれども、家族ではありませんでした。ムアーウィヤが初めて、自分の息子を「次のカリフにする」と言って、世襲をさせました。これ以降、カリフの地位はウマイヤ家出身者のあいだで世襲されることになり、これをウマイヤ朝と呼びます。

ウマイヤ朝以前の、四人のカリフを正統カリフと呼びます。ただしシーア派は、アブー・バクル、ウマル、ウスマーンの三人は、本来はアリーが預言者の死後、後継者になるはずだったのに、その地位を簒奪《さんだつ》したのだという見方をしているので、彼らをカリフとは認めず、アリーを初代イマームとして、その地位はアリーの子孫に引き継がれたものと見なしています。

大人としてはアブー・バクルが預言者ムハンマドのいちばん古い弟子ですけれども、子どもまで広げると、そのアリーは子どものときからずっと預言者と一緒だった。しかも血統的にはいとこでもあるし、娘婿《むすめむこ》でもある。このアリーが本来の預言者ムハンマドの後継者であるべきだというのが、のちのシーア派になる人たちの主張です。

預言者ムハンマドは生前からそのことをずっと言い続けていたのだけれども、みんなで言を左右にして、最終的にその遺言を守らずに、アブー・バクルをカリフとして選んでしまった、というのがシーア派の言い分でした。アブー・バクルとウマルが本来の後継者、アリーの地位を簒奪した。アリーは、仲間で殺し合うことになるのを避けるために、仕方なく従っていただけで、本来の正統な支配者はアリーであるというのが、シーア派の思想です。

シーア派の思想では、本来あるべきイマーム、つまり指導者と、実際の権力者が違うときは、本来あるべき指導者のほうが正統性を持つという考え方です。

これに対して多数派であるスンナ派は、そもそも政治的な指導者というのは、定義上、権力を持っているものなので、権力を持てなければ、それは政治的な指導者ではないと考える。どういう手段であれ、権力を握った人間が正統な指導者だと。

もちろんアブー・バクルはスンナ派的にも人格的にも偉い人です。ただ、指導者の偉さというのは、政治的な力のことであって、それを持つアブー・バクルがカリフになったと考えるわけです。

ただし、カリフの正統性についての議論は、史実に即して決着をつけることはできそうにありませんし、本書でその解決を企図しているわけでもありません。長々とイスラームの歴史（これでも、ごく初期のころだけですが）を話してきたのは、ダール・アル＝イスラームとカリフについてのイメージを大雑把にでもつかんでもらおうとの趣旨からでした。

カリフのいないイスラームなんて

さて、カリフ制復興の話をする段になりました。

カリフとは預言者ムハンマドの後継者であり、イスラームの政治の最高権威者です。カリフにはシャリーアの新設や改変はできませんし無謬でもありませんが、イスラーム法に則って考えるならば、預言者亡き後にムスリムが分裂したときに従うのはカリフをおいてほかにありません。

ムスリム全体の運命を決めるジハードを命じることができるのはカリフだけです。それほどカリフはイスラームにとって重要な位置を占めるものです。

ところが、これまで長いあいだ、そのカリフがいなかったのです。

一九二四年、トルコにいた最後のカリフが退位しました。これによってカリフ制が完全に崩壊してから、ある意味でイスラーム法的な考え、規範が崩壊している状態が続きました。いまのイスラーム諸国の為政者たちは全員カリフではなく、イスラーム法上の正統性がありません。

これはどういうことかというと、イスラーム世界に正統性のある政治的指導者がいないという異常事態が、九〇年も続いてしまっていたということなのです。カリフがいないということはそれほど重大な問題なのです。

そもそもカリフがいない状態自体が間違っている。だからいま、カリフがいない状態では、ジハードはもちろん、何をやっても間違いなのです。いまのムスリムがやっていることは、ほとんどすべてが間違っていると言ってもいいぐらいです。イスラームの名前がついていたとしても、実はイスラームではないということが本当に多いのです。

カリフ制再興、ダール・アル＝イスラームの復元ができるかどうか、これが、イスラーム世界の抱える最大の問題です。

リヴァイアサンの呪縛

読者の皆さんのほとんどは、おそらくムスリムではないでしょう。ムスリムではなく、イスラーム世界の外にある日本に住んでいる人には、イスラーム世界にカリフがいてもいなくてもどうでもよいことだと思われることでしょう。

何度も申し上げたように、イスラーム圏は北アフリカから東南アジアにまで広がっています。これだけ広い地域の、多くの人々にとっての問題が、このグローバル化した現代で、自分にはなんの関わりもないと考えるとしたら、それはあまりにも視野が狭いというものです。

イスラーム世界は、かつて西欧列強の帝国主義政策によって植民地化され、分割されました。植民地化された地域の多くは、その後独立したとはいえ、領域国民国家の枠組みに押しこまれ、ダール・アル＝イスラームの本来のすがたは失われました。そして、いままたグローバル化という名目のもと、経済基盤を収奪されつつある。一言で言えば、貨幣の奴隷にされようとしているわけです。

少し前に、台湾（中華民国）の学生たちが中国との包括的なサービス・貿易協定に反対して議会を占拠、政府に抗議するという出来事がありました。日本の報道では学生たちが騒いでいるくらいの印象でしたが、あれはＴＰＰ交渉とよく似た構図なのです。あの協定を結んでしまうと、台湾経済が中国に呑《の》みこまれてしまう。そうなればやがて政治的独立も失われることになる。それに対する抗議活動だったのです。

ＴＰＰも、アメリカが日本をはじめとする諸国の経済を自分の土俵に引っ張りこんで、うまい汁を吸おうというものですから、日本人も台湾の学生のような危機感を持ったほうがよいかもしれません。

ＴＰＰは自由主義を旗印に掲げています。それで関税の自由化、つまり関税撤廃の是非が議論されているわけです。基本的にイスラームは自由の宗教なので、禁じられてないことはすべて許されている。貿易は許されていることですから、その場合に移動が許されているのは、もちろん資本と商品です。それらの移動が許されているわけですから、その意味ではＴＰＰで関税をなくす、これはイスラーム的には正しい。

しかし、それよりも自然権的な意味で認められるべきなのは、まず人間の移動です。人間の無条件の移動が一〇〇％許されていない。国境があるからです。人間の移動の自由がないところで物と資本だけを移動させるというのは、富を偏在させることになります。これは不公正でしかありません。だからグローバル資本主義は偽物です。

人間の移動がいちばん重要です。それは直接的に領域国民国家の問題と関わることです。領域国民国家は、国境によって人間の自由な移動を制限することで成り立っています。だから領域国民国家がある以上は、自由も人権もそもそもすべてが偽物です。

たとえば、いまのシリアにしても、完全に国境が開いていて人間が動けるのであれば、あのアサド政権の統治下に住みたくない人間は出ていけばいいし、北朝鮮にいたくない人も、中国にいたくない人も出ていけばいいのです。こうすれば戦争は起きないし、人間を大事にしない国家は人間が動くことによって自然に淘汰《とうた》されていく。それが国境を開くだけでできるのです。

アメリカの政治哲学者、ジョン・ロールズは、自分が豊かであるのか貧しいのかを知らない「無知のヴェール」で覆われた状態においてであれば、理性的に判断する人なら選び取らないような状況が、不正な状況だと論じました（『正義論』）。ごく限られた先進国の人々だけが地上の富を享受し、その他の大多数の人々が「先進国」から切り離されて、

「発展途上国」のなかで暮らすことを強いられている「領域国民国家」システムが、ロールズ的な意味で不正であることは疑う余地がありません。

二〇一四年、飢餓人口は約八億五〇〇〇万人、一日一・二五ドル未満の生活という貧困に苦しんでいる人々は一二億人以上とされています。それにもかかわらず、彼らが生きることを求めて豊かな国に移住することが制限されているような世界は、理性のある人ならば「無知のヴェール」のもとで受け入れることはできないはずです。

したがって、このような領域国民国家システムは、正義、人権、平等、人類愛などの理想とも矛盾しますし、大地がすべての人に開放され、移住の完全な自由を保障されるために、領域国民国家の国境は廃止されなければならない。

いま、国家という枠組みがあまりに強くなってしまっています。国家の法律によって自由化ということを言っても、それを誰も矛盾とは考えないけれども、実はそれは自由化ではありません。国境による移動の制限、これはかのトマス・ホッブズが描いた、領域国民国家であるところの怪物・リヴァイアサンの呪縛なのです。

マルチチュード

このように考えてみると、現代のイスラーム世界が抱えている課題と、日本が直面しているにもかかわらず多くの人が気づいていない課題は、案外よく似ているかもしれないということがわかってきます。

それは、アメリカ国家と一体になって行われるアメリカ資本主義によるグローバル化にどう対抗していくかということです。

グローバル化といえば聞こえはいいですが、アメリカ資本の都合のいいようなルールが強制されるだけであれば、それは植民地支配となんら変わるものではありません。かつて西欧列強は非ヨーロッパ世界に軍隊や行政官や教育者ら、大勢の人間を送りこんで植民地経営をしましたが、いま、アメリカとその大企業は、独立した諸国と対等に見せかけた契約を結ぶというかたちで、同じことをしようとしているわけです。

超大国アメリカに単独で対抗できる国は、いま見当たりません。その上、環境問題にしろ、貧富の格差にしろ、現代の課題は一国内のことにとどまらず、世界規模で発生しています。従来の領域国民国家の枠組みで解決できるものではありません。

そこで、グローバルな課題に対しては、グローバルな連帯とそれを支える体制が必要だというのは、衆目の一致するところでしょう。

それではグローバルな連帯とはいかなるものなのか？

これについて、イタリアの思想家アントニオ・ネグリとアメリカの思想家マイケル・ハートが「マルチチュード」という概念を提唱して、日本でももてはやされました。インターネットなどの通信手段の発達によって、各地の独自の抵抗運動が結びついて自由なネットワークをつくり、それがグローバル資本主義への対抗運動になるというのですが、私には希望的観測というか妄想にすぎないように思われます。

結局のところ、マルチチュードとは、マルクス主義の言うプロレタリアートの焼き直しで、しかも、マルクスが前提にしていた「国際的に連帯した労働組合運動」のような組織を欠いているだけに、画に描いた餅《もち》に終わるでしょう。

それでは、なにか希望を託せる構想はないのかというと、私はイスラームの本来のカリフ制こそがグローバルな連帯のモデルになりうると考えています。

カリフ制と移動の自由

カリフ制の本質を大まかに言うと、法の支配、正確に言うと自然法の支配です。

最近の物言いでは、法の支配と法治主義が混同されていることが多いので、説明しておきます。

法治主義とは国家が定めた法令、つまり法律と行政命令に則《のっと》って統治を行うことで、国家が定める法律を至上のものとする発想に立っていますが、法の支配はそれとはまったく逆で、自然法の下に国家を置く、という思想です。西欧で言うところの自然法とは実定法に対立する概念ですから、国家法の上に自然法がある。自然法が国家の法を超えることになります。

だから自然法に反するような国家法はすべて否定する。西欧で言うところの自然法がイスラーム法と言われるものにいちばん近い。ですから、ほぼイコールで自然法の支配がカリフ制だというふうに言えます。その自然法のいちばんわかりやすい例が、たとえば「人間は自由に移動していい」という話なのです。

本来のカリフ制が実現するはずなのは、国境を越えた、ある意味で出入り自由の大きな経済圏というよりは、生活圏という感じの社会です。それを現存の国家の上位というか、より優位のものとして認めていこうというのです。

理想の展開を思い描くならば、それがムスリム世界のカリフ制の復興運動が契機になって、さきほど述べたようなグローバル資本主義の虚偽性がもっと明らかになって、ムスリム世界の外でもそれに刺激されて国境をなくしていく、あるいは人間の平等を進めていくような方向に動いていくことです。非イスラーム圏の非イスラーム教徒のあいだにもそういう運動を巻き起こします。

ただ結局、私の考えというかイスラームの世界観でもあるのですが、最後の審判がくるまで世界は完全なイスラーム化はしません。だからカリフ制が復興された地域に住む人間もいれば、その外ではグローバル資本主義を進めようとする勢力もいて、最後まで残ると思います。

その両者の対立をできるだけ物理的な戦争にしないようなかたちで共存させるのが、私の望む世界なのです。戦争をしてしまうと、どちらも当然滅びますから。

だから私が考える理想のカリフ制のもとでは、ＥＵのようなかたちで人間が自由に動けるようになります。ただ、その外にはいまの領域国民国家の制度も残っている。このふたつが、まさに自由に、入りたいものは誰でも入れるように国境を開いておくべきです。

イスラーム世界と、いまいうところの領域国民国家システムが出入り自由なかたちで共存していれば、かなり流動化が進むでしょう。そうすると暴力革命をしなくても、そういう「ヒト」にやさしくない政権から人間が出て行けば、当然国が成り立ちませんから、自発的に改革するようになるはずです。

本来のカリフ制は「人権」を認める

カリフ制がイスラーム的自然法の下にあるという意味で、カリフ制は自然法が認める人権も認めます。人権を認める以上は、当然「日本国民の権利」は自然法が認める人権ではなく、限られた国民の権利ですから、そういうかたちは認めない。他国籍の人間には認められていないような権利はすべて認めない。実はカリフ制とはそういうものであって、だからまず国境をすべて取っ払うという話になるのです。

カリフ制が支配する地域では、国家の法律はないというのが基本です。そのかわりに自然法がある。

司馬遷《しばせん》『史記』の「高祖本紀」に有名な法三章の話があります。

古代中国を初めて統一した秦《しん》帝国は、細かく厳しい国家の法で人々の生活をがんじがらめに縛った。これに不満を募らせた反乱軍の一方の雄、劉邦《りゅうほう》はついに秦の首都を攻略して、秦の民に新たな法を布告する。

その内容は、一、人を殺した者は死刑、二、人を傷つけた者は罰する、三、人のものを盗んだ者は罰する。この三箇条だけだったので、それまで秦の煩瑣な法律に苦しんできた人々は大喜びしたというのです。

劉邦の法三章は、自然法の基本的なすがたをあらわしています。自然法とは、「人を殺してはいけない」のように、基本的にはすべての人間が理性によって理解するもので、それを超えるようなものは法律として強制してはいけないのです。

強制する場合は堂々と強制するべきであって、カリフ制は民主主義のようなごまかしはしない。自分たちが決めたことだから守るというのが議会制民主主義の建前ですが、実際には議員は民意を反映などしていません。カリフ制は、神が定めた法の執行機関ですから、そんなおためごかしは言いません。守ってもらわないといけないものは力でもって強制します。それを守るのが嫌だったら、反乱すればいいわけです。

カリフ制は独裁制であってはならない

突然、イスラーム法への順守を力で強制するなどというと、やはりカリフ制は独裁制だと思う人もいることでしょうから、少し補足します。

西欧の政治学は人間の支配ということでしかものを考えていない。デモクラシー（民主制）にしてもアリストクラシー（貴族制）にしても全部そうなっています。政治のあり方を人間の数で三つに分けるのが基本です。つまり、君主制・独裁制は一人による支配、貴族制・寡頭制は少人数による支配、民主制・衆愚制は多数による支配です。

しかしイスラームではそもそも人間の数で分けない。むしろ、なぜ政治を人間の数で分けるのかということが問われなければいけない。これは別にイスラームだけではなくて、たとえば歴史的に中国思想を見れば、基本的には法治主義か徳治主義かです。法が治めるか、徳が治めるかだから人間の数なんてどうだっていいわけです。

私たちは西欧に植民地化されたので人間が治めるという西欧的な考え方に染まっています。イスラームの場合はそもそも神が治めるわけです。神が治める実態を私たち人間から見るとそれは法が治めることになります。

しかし、法があるからといっても、それによって、たとえば隣国と戦争をするか、休戦するかということは自動的には決まりません。だからやっぱり政治の決定が法とは別に必要になるわけで、そのためにカリフがいる。法という枠組みがあって、その執行権力としてカリフがいるのです。

ただ、私の言っているカリフ制は、もちろんイスラームのカリフ制に違いはないのですが、カリフという人間にはほとんど重点を置いていないので、その意味ではかなり特殊な立場です。

西欧的な政治学の枠組みから見ると、一人のカリフが元首となるカリフ制がイスラームの政治学であるように見えてくるのですが、それは私たちの思考の枠組み自体が西欧的な政治学の概念構成に慣れているため、支配者あるいは支配機構に焦点を当てる。そうするとカリフを支配機構の中心としたシステムに見えてしまうわけです。

でも、実はそうではない。

要するに、私の言い方では、法の支配こそがカリフ制なのです。法が上にあって、その下に人間がいる。その意味で民主制なんていう言葉を使わないでカリフ制という言葉を使う。

この法はシャリーアです。日本だと法と法律の区別があまりないので、国家の法律ではないという意味で自然法という言葉を使って、自然法の支配と言ったわけです。カリフ制は自然法の支配である、とは、そういう意味なのです。

イスラームを成り立たせているのは、あくまでも法なわけです。法があればいいのです。法が支配する。すべての人間が法に従う。人間が人間を支配する統治機構はいらない。

ただし個々人が自分の判断で法に従っているだけではすまない場合、たとえば法の解釈をめぐって人々に争いが生じたとき、あるいは法には書いていない、突然敵国軍が攻めてきて、戦うか和平条約を結ぶか決める、といった集団的な決定をしなければならないときに初めて統治機構が問題になるのです。

それ以外では統治機構などなくとも法だけあれば問題がない。基本的にはそんなものはなくてもイスラームは個人で回っていくようにできているので、統治機構が必要な部分は本当に小さいのです。ただし問題が起きたときに、国境をつくらせない、分裂しないために一人のカリフが必要なのです。

そもそも人間が人間を支配するというのは不正なのです。だから支配する人間はいないにこしたことはない。でもムスリムの意見が分かれたときには、誰かが彼らをまとめて不満な者にも我慢させなければならない。そういう人間は少なければ少ないほうがいい。でも一人だけならいてもよいのではないか。むしろその人がいることによって、たくさんの支配者が出てこないようにする。一人のカリフというのはそういうことです。領域国民国家をつくらせないために、法の一体性を守るためにあるのがカリフなんです。

だからカリフというものは、法がひとつであって、ダール・アル＝イスラームもひとつであるということの象徴といえます。そのために一人のカリフがいる。カリフもどきの支配者が大勢いては、まったく意味がないのです。

ところが、現在のイスラーム諸国の現実は、嘆かわしいことにカリフ制の理念を裏切っています。

ほとんどの場合は、中世イスラームのカリフ論をそのまま使って、カリフを王様や大統領と読み替えて、カリフに従わなければいけないように、王様や大統領に従わないといけないと言っています。

エジプトでも、大統領の指示に従わせるために、「イスラームではカリフに従えといっているじゃないか、だから権力者に従いなさい」と言っています。

実際には、イスラーム世界にカリフは二人いてはいけないのです。二代目カリフのウマルが伝える預言者ムハンマドのハディースに、二人のカリフが立ったら二人目は殺せとはっきり言われているので、二人目はいてはいけない。それをごまかして、ひとつの国が、ひとつのイスラーム世界であって、その大統領あるいは国王がカリフであるような、そういう嘘を通してきたのが現状です。

カリフがそういった余分な権力者を立てないためにいることを考えれば、まさに反対のものです。カリフ制というのは要するに、カリフ的な無数の人格が出てくるのを封じるための権力乱立の制御装置です。だからカリフは一人と定められている。

いま言ったように、カリフ制はあくまでも法の支配なので、カリフという人物に中心があると思ってしまうと、かえって誤解します。

システム自体ができていますから、人間はどうだっていいといえば、どうだっていいのです。イスラームは基本的に法のほうが重いわけですから、カリフが何を言おうと、それがイスラーム法に反すると思えば誰も従わない。

初代カリフ、アブー・バクルの言葉を思い出してください。

「私が正しければ私を助け、私が誤りを犯せば私を正して下さい」「私がアッラーフとその使徒に従う限り私に従いなさい。もし私がアッラーフとその使徒に背いたなら、あなたがたには私に従う義務はない」

独裁者ならなにがなんでも服従せよというはずですから、その意味では独裁制から最も遠いのがカリフ制です。

アナーキズム——保険証などいらない

国王だろうが、大統領だろうが、自然法に反したことをしてはいけないと、はっきり言えるのがイスラームのよいところです。自然法の支配とは、裏返せば人間による支配の否定です。これはいまの言葉で言えば、アナーキズム（無支配）です。

西欧のアナーキズムは本質的にアナーキー（無秩序）なので、まとまらないのですけれども、イスラームだけが世界中、どこでも人間による支配を受けずに生きていけるという、そういうシステムです。

本当にそんなことができるのか？　実際、正統カリフ時代のダール・アル＝イスラームはかなりそれに近いものでした。そして、現に私もかなりそれに近い生き方をしています。

何年か前、出版社の人たちと企画の打ち合わせをしていたときに、痛風発作が起こってしまいました。痛風というのは足が腫《は》れる病気で、とても痛いんです。実は、痛風の発作による痛みは時間とともに薄れるので、私自身はそのままにしておいてと頼んだのですが、心配した編集の人たちが私を病院に担ぎこんでくれました。病院に行くと、保険証の提示を求められました。私は保険証を持っていないというと、怪訝《けげん》な顔で尋ねられました。

「保険証、失くしたんですか？」

「大学をやめたときに、保険は脱退しましたから」

と、答えたときには、皆さん、なんでまた！と驚いていました。

かなり無謀な人間だとあきれられたようですが、私にとっては当たり前のことでした。自分の健康について、国家がお金を徴収して世話を焼くということが、イスラーム的にどうもおかしいと感じたからです。

人間の寿命、生死の問題は最終的には神のご意思にゆだねるべきことのように思われますし、そもそも領域国民国家が運営する国民健康保険というものがなんともうさんくさく感じられたのです。

それにイスラームのシステムなら、相互扶助のために領域国民国家を経由する必要はありません。世界中から国境を越えて救援の手が差し伸べられることになります。それがカリフ制のよいところです。

日ごろからカリフ制復興を唱えている自分が、領域国民国家によるまやかしの福祉に加担するのはどうにもしゃくにさわったので、保険から抜けたのです。いまの病院は保険がなければ払えないほど高額なので、私はもう病院にもかかりません。それで死ぬようならそれも神の思《おぼ》し召《め》しだと思っています。

イスラームの歴史の中では、病院は、篤信者の寄進（ワクフ）によって運営されてきました。国家が介入すべきことではないのです。

もちろん、年金もやめました。私はそういうものに興味がないのでほかに何があるのかは知りませんが、任意で入るものは一切入りません。自動車を買うときに入らされた自動車保険、会社の事務所を買うときに入らされた火災保険などは別ですが。

ナショナリズムは偶像崇拝

イスラームでは不信仰よりも多神教のほうが悪いこととされます。多神教とは、神でないものを神とすることです。言い換えれば、偶像崇拝です。

イスラームから見ると、イエスを神の子とするなんてとんでもない話です。仏教の場合はむしろ不信仰のほうに近いと思うのですが、それよりもナショナリズムのほうが罪が深いと、イスラーム的には考えられます。

結局、神とは何かという問題です。イスラームの定義では、神とは崇拝されるものです。神と人との関係は、崇拝の対象たる主と崇拝するしもべという関係です。これはキリスト教でもそうです。「主」とは何かというと一言で言えば命令を下す権力を有するものです。命令を下せるものが主である。

国家も命令を下すものです。命令を下すものである限り、それはまさに神であるはずなのに、実際の国家は人間が人間を支配する便宜のためにつくられた組織、フィクション、虚構の法人です。虚構の法人である国家は、本来の神から見れば偶像神ですから、イスラーム的にはこれが最大の悪ということになります。

だから、ナショナリズム、あるいはエタティズム（国家主義）は最悪の偶像崇拝だと私は思います。国家を崇拝したり、国家に帰依したりすることは、イスラーム的には酒を飲むことなんかよりはるかに悪い。

私にとっては非常に単純な話なのですが、人間が人間を支配するのはいけない。国家も民族も、人間が人間を支配するという不正を隠蔽するヴェールにすぎない。それをはっきり言える一神教はイスラームしかない。イスラームしかないと言っているのが私しかいないのが困ったことなのですが、本来、イスラームの学者はみんなそう言うべきなのです。

ないないづくし

基本的にイスラームには教会もなければ、公会議もなければ、教皇もいません。これは預言者ムハンマドの正統カリフの時代から現代でもそうです。

モスクは礼拝所であって所属する人間がいませんから、教会ではありません。教会は建物のことではなく、教区があって、そこに集まる人間の組織が教会です。モスクはただの建物で、礼拝をするところでしかありませんから教会とは言えないのです。

モスクは日本各地にあって、問い合わせれば見学も可能ですから、一度ご覧になるとよいかと思います。中に入るとわかりますが、キリスト教会の十字架（イエス像）、仏教寺院の仏像、神社の御神体にあたるものがありません。何にもなくて、ただマッカの方角がわかるようにしてあるだけです。ムスリムはマッカの方角に向かって礼拝をします。

それでは、ムスリムはマッカを拝んでいるのかというと、マッカは現代のサウディアラビアにある都市にすぎませんから、それを拝んでいるわけではありません。ただ、ムスリムが大勢で礼拝するとき、みんながてんでんばらばらにやると収拾がつかなくなるので、マッカの方を向いてやることになっているだけです。これも『クルアーン』に明記されていることです。

それではマッカにあるカアバの大神殿が大本山で、そこに何か御神体があるのかというと、マッカの大神殿にもやはり何もありません。この、何もないというのがイスラームの特徴なんです。

先に述べたように「ラーイラーハイッラーッラー」は、「アッラーのほかに神なし」と訳されますが、文としてはラーイラーハでいったん区切ることができて、これだけだと「神はいない」という意味にしかならないのです。

ですから、イスラームの神概念は、まず神はいないというところから始まります。そして、イッラーッラー、つまり、アッラーを除いては、という留保条件がつくことで唯一の神の存在が示され、一神教の立場が表明されます。

これだけ徹底した一神教なので、国家のような人間のつくった神のまがい物は必要がないのです。

「ラーイラーハイッラーッラー、ムハンマドゥンラスールッラー」(アッラーのほかに神なし、ムハンマドはアッラーの使徒なり)と、これだけを唱えて、それに二人の成人ムスリムが立ち会って証人となれば、その人間はムスリム共同体にムスリムとして認められて、ムスリムの権利と義務が生じるわけです。

立ち会うのは成人ムスリムであれば、誰でもいいことになっています。ムスリムはどこかの団体に登録されるわけではありませんから、ムスリムがいまどこに何人いるかというのは原理的にわからないわけです。これはどの宗派でもそうです。

ちなみにいうと結婚もそうです。国家はまったく関係ありません。私もムスリムの結婚に立ち会ったことがありますが、私ともう一人の成人ムスリムが証人になって、結婚する本人たち二人が契約を交わせば、それで結婚が成立します。それもどこにも登録する必要はありません。国家は必要ないのです。

本来はイスラームの結婚は新郎、新婦、親族に加えて、女性に関しては後見人を立てて、後見人が新婦のかわりに契約を交わします。ただし、これは代理人ですから、新婦の意志をあくまでも代理するだけです。それに二人の証人が立ち会います。ムスリムになる際に、それが認められるためには二人の証人が要るのと同じことです。二人の証人がいて、後見人がいて、当人同士がいれば、それで結婚は成立します。

これが本当にイスラーム的なシャリーアに基づいた結婚なのですが、これをやると、いまのイスラーム世界ではウルフィー、つまり慣習婚という言い方をされてしまいます。けれどもそれこそがイスラーム法の結婚であって、本当は国家に届けるほうがおかしい。国家に婚姻届を出すほうが本当はイスラーム法に反するけれども、残念なことに、いまはそういうねじれが生じているのです。

もうひとつのグローバルな連帯

イスラームは基本的には教会もいらないし、国家もいらない。個人は個人で判断するのですけれども、個人ではなく集団で、たとえば戦争などの集団的な意思決定をしないといけない場合に、決定を下す人間がカリフです。イスラーム共同体はひとつですから、その共同体はまとまって行動しなければいけないのです。

これまでカリフがいなかったことによって、本来の正しいジハードができないだけでなく、ムスリムの生活のさまざまな場面で、本来なら自然法に則して行うべきようなことについて、実定法の化け物である国家に関与させてしまってきた。これが現代イスラームの悩みであり、カリフ制復興なしには解決できない問題なのです。本当はカリフ制がなければイスラームはそもそも存在しえない。

イスラームにとって重要なことは、従うということです。もともと「イスラーム」という言葉は「従う」という意味の言葉です。それは神に従うことなのです。

実際には神に従うことは預言者に従うことになるわけです。そして、預言者に従うことというのが、スンナ派の理解によると、預言者の死後にはイスラーム法とカリフに従うことになります。基本的にはイスラーム法に従うというのは個人の話です。礼拝するとか断食するとか、これは個人が従うべきことです。しかしそうでないこと、社会的な強制が生じるようなことはすべてカリフに従うことになります。もちろんカリフはイスラーム法に従ってイスラーム法を強制するのです。

ところが、現在はそうなっていない。もちろんイスラームの歴史の中でもこの理想は実現されていないのですけれども、ただ理念としてそうだったわけです。

いまも言ったように、イスラーム法に従うというのは個人についてのことであり、それ以外のことはすべてカリフに従うという理念がありました。ところがいまのムスリムは全部国家に従っている。ムスリムの国であれ、欧米であれ、日本であれすべて同じです。

ムスリムの国でも日本でも同じように税金を払わなければ取り立てられる、あくまでも反抗すれば、よくがんばったから許してやろう、ということにはならず、国家権力が介入してきます。そしてあくまでも自分の信念と自由を護《まも》ろうと国家権力に抵抗すれば、最終的には殺されてしまったりします。もういいから見逃してやろう、とはなりません。国境を渡ろうとすれば制止される。反抗すれば殺されてしまいます。もういいから通してやろうとはなりません。国家がすべての人間の生殺与奪の権利を握っており、人は国家に従っているわけです。

従うことがイスラームですが、何に従っているのかというと、現代社会では、いまの人間はイスラーム国の国民であろうがあるまいが、すべて国家に従っている。戦争にしろ、刑罰にしろ、直接的に物理的な力を最終的に担うのは国家です。その力に従っている。そうでないところは何に従っているかというと、お金に従っているわけです。すごく単純なことですが、お金をくれる人間に従う。

国家権力と金の力、これが現代の偶像神であり、こうした偶像崇拝を打破して、本来のダール・アル＝イスラームを回復する。そのためのカリフ制再興であり、それはひいては国家と企業の連合体が推進するグローバル化に対抗する、もうひとつのグローバルな連帯の形成にも役立つ、というのが私の主張です。

終章　「イスラーム国」と真のカリフ制再興

「イスラーム国」の登場

ここまで、カリフの不在を前提として、現代イスラーム世界の問題について述べてきましたが、本書を執筆中の二〇一四年六月、イラク北部からシリア北部にかけての地域を実効支配する勢力が、「イスラーム国」としてカリフ制を宣言しました。

このニュースは、当初、日本ではほとんど無視されていましたが、同国がイラクとシリアで急激に勢力範囲を広げ、八月にはアメリカが同国のイラク側拠点に爆撃を開始、また、シリアのアレッポで同国の部隊に邦人男性が拘束されると、にわかに注目を浴びるようになりました。

私自身、イスラーム国関係者より、拘束された邦人男性の裁判をするから通訳をしてほしいという依頼を受けて、九月にイスラーム国の支配地域を訪ねました。残念ながら、米軍の空爆が始まったため裁判は延期され、邦人男性にも会えずじまいで帰国しました。

またその後、イスラーム国に行きたいという大学生を現地に橋渡ししたという件で、一〇月に警察から事情聴取を受けたことから、世間をお騒がせすることになりました。「知人のつてで出会った大学生がイスラーム国に行きたいというので、旧知の現地司令官に紹介した」。その事実に尽きるのですが、この行動が軽率だったと、謗《そし》りを受けることなのでしょう。

ただ、私はこれまでも、イスラーム圏に行きたいという人がいれば、イランでもエジプト、トルコでも、現地の知人に紹介してきました。イスラームはムスリム同士の信用を大切にする社会なので、ムスリムである私から、こういう人が行くからよろしくと話を通しておけば、現地でスムーズに受け入れてもらえるし、そのほうが安全なのです。

誤解が生じるといけないので断言しておきますが、私のほうから誰かを、戦闘員としてイスラーム国へ行くようにすすめたことは一度もありません。今回の大学生に限らず、私には大勢の教え子や若い友人たちがいますが、私からイスラーム国に行けとすすめられた人間は一人もいないはずです。また今後も、私から渡航をすすめることはないでしょう。

「イスラーム国」を見る三つのポイント

さて、イスラーム国を創設した勢力は、誤解を恐れずにものすごく簡略に言えば、アルカーイダの流れをくむ武装組織を前身とした、イスラームの伝統を否定し、『クルアーン』とスンナの原点に還《かえ》り、純粋なイスラームのすがたに戻らなければならないと主張するサラフィー主義（日本でイスラーム原理主義と呼ばれている立場）のグループです。

最低限の注釈をつけておくと、アルカーイダとは一枚岩の組織ではなく、異教徒に迫害されているムスリムを支援しようという、さまざまな個人やグループのゆるい連合体です。ビンラーディンには特別の思想はなく、ムスリムを迫害している異教徒をアフガニスタンから追い出そうというシンプルな発想で活動していました。イスラーム国の前身も当初はその傘下で活動するグループでした。

ビンラーディンが殺されたあと、ザワーヒリーという人がアルカーイダのリーダーになりましたが、この人も、いまある領域国民国家の枠組み内で地域的なイスラーム国家をつくり、それらの連合によってカリフ制を樹立しようという立場でした。そしてそうしたイスラーム国家の第一号が、タリバンがつくったアフガニスタン・イスラーム首長国でした。ところが、イスラーム国の前身は、リーダーが初代カリフと同じ名前を名乗るなど、かねてから国境を越えたカリフ制復興をねらっていたことは確かです。

イスラーム国のカリフに就任したのはアブー・バクル・バグダーディーという人物です。歴史上の初代カリフとまぎらわしいので、以下ではバグダーディーと呼びます。この人のカリフ就任に正統性はあるのか？という疑問を抱く人もいるでしょう。ムスリムのあいだでも意見が分かれており、現時点ではあんなのはカリフとは認めないという人のほうが圧倒的に多いのです。

実際、二〇一三年に私が現地のイスラーム国幹部から聞いた話では、バグダーディーはカリフではなくイラクとシリアだけの統治者にすぎず全ムスリムに忠誠誓約を求めたりはしない、と明言していました。

そうだとすれば、バグダーディーがカリフを名乗ったことの意義は、多くのムスリムたち自身すら昔話のように感じ始めていた「カリフ制」という名称を現代によみがえらせたという点に限定されます。うがった見方をすれば、イスラーム世界の現状に不満をもつムスリムたちの支持を得るための広報戦略という面があるのかもしれません。

とはいえ、バグダーディーのカリフ就任を批判する市井のムスリムたちは、いままで二〇世紀のイスラーム諸国の統治者・指導者たちがカリフを名乗らなかったのはなぜかを自らに問い返すべきです。結局、為政者は、欧米列強の植民地支配と世界戦略によって決められた国際秩序のなかで権力を維持することに満足していたにすぎないと言われても仕方がありません。

このムスリムたち自身の政治的怠慢によってできた空白を衝いて登場したのが、バグダーディーのイスラーム国だと言えるでしょう。

たとえ、成立の経緯がどうであれ、ムスリムならカリフ制を支持する義務がある。これはイスラーム法学上の定説です。ですから、イスラーム国のカリフ制が本物なら、ムスリムとしてはこれを支持しなければいけない。そこで、イスラーム国をどう理解するかが、大きな問題となります。

これまで私はカリフ制復興こそがイスラーム最大の課題だと言ってきたわけですが、現代におけるカリフ制とは中世的秩序への単純な復古ではなく、人による人の支配の廃止という遠大な理想に向かう未完のプロジェクトなのです。この視点からイスラーム国について私見を述べておきましょう。

ポイントは三つあります。第一に、彼らの唱えるカリフ制は本物か。これと関連して、第二の論点は国境の開放をどう評価するか。第三に統治のあり方です。

バグダーディーはカリフか？

第一の点から言うと、カリフの正統性が問われます。

実は、西暦六三二年にアブー・バクルが初代カリフに就任した時、何がカリフ就任の適正な手続きかについて、あらかじめ決まっていたわけではありません。その後のイスラーム法学によってカリフ就任の条件が議論されてきましたが、いずれも初代カリフ、アブー・バクルの事績をモデルにして事後的に構成したものです。

そこで、あらためてアブー・バクルがカリフに就任したプロセスをふりかえってみると、三つの段階を踏んでいることがわかります。まず、ムスリムの有力者たちの合議によって推薦されています。次に、当時のイスラーム世界の首都マディーナで所信表明演説をして信任を受けています。

ところが、この段階ではマッカの人々はもとより、アラビア半島全土のムスリムたちは相談も受けていません。当然、異論、反論が続出し、アブー・バクルと彼をカリフに推戴した人たちは説得工作と反乱鎮圧に奔走することになります。もし、これに失敗していれば歴史は変わっていたでしょう。つまり、アブー・バクルのカリフとしての正統性は、結果としては、当時のイスラーム世界であったアラビア半島の再統一に成功したからこそ確立されたのです。

では、この初代カリフの正統性確立のプロセスを現代のイスラーム国にあてはめるとどうなるか。イラクとシリアの国境付近で活動していたムスリム勢力の幹部たちが、バグダーディーをカリフとして擁立した。そして、彼らの勢力圏の首都といえる場所で所信表明演説をした。

ここまでは確認されていますが、問題はその次、いまやアフリカから南アジアにまでわたる広大なイスラーム圏の、莫大《ばくだい》な数のムスリムたちの信任を得られるかどうか。バグダーディーのカリフとしての正統性はここにかかっています。

つまり、バグダーディーのカリフとしての地位は、現時点ではお試し期間、いわば立候補者のような段階で、彼が名実ともに全ムスリムにとっての政治的権威、カリフとして認められるかどうかは、イスラーム国の今後のあり方次第であると言えます。この点について私は悲観的です。イスラーム国が滅んで別のカリフが立つこともあるだろうとも思っています。

そもそも彼らがイスラーム国と名乗っていることも問題です。彼らのアラビア語名をアルファベット表記すると、al-Dawlah al-Islāmīyah となりますが、現代アラビア語の Dawlah は領域国民国家を意味しますから、これは「イスラーム国家」です。しかし、私の立場はこれまで述べてきたように、人が人を支配する領域国民国家を否定し、神と直接的に結びついた一種のアナーキズムです。ですから、私はカリフ制とは言ってもカリフ国とは言わない。

ただ、イスラーム国はカリフ制である前に、イスラーム国家なのです。そしてイスラーム国は、カリフ制とは真逆の、イラクとシリアの旧支配政党であるバアス党が支配した全体主義的強権国家の残滓《ざんし》を払拭できていないように見えます。シリアとイラクに成立したイスラーム国は、首長の称号こそ「カリフ」であっても、カリフ制の理念を実現しているとは言えません。

真のグローバリゼーション

第二の国境の廃止についてはどうでしょうか。

確かにイスラーム国はイラクとシリアの国境を開き、形の上では両国の間の移動を自由にしましたが、現実には周辺諸国と敵対関係に立つことで、かえってイスラーム国に入ることもイスラーム国から出ることも困難になってしまいました。またイスラーム国がイラク、シリアの両政府だけでなく、欧米や周辺アラブ諸国、イランによる空爆に晒されることにより、国内でも安心して外に出歩けないありさまです。移動の安全が確保できていない状態では、形式的に移動の自由があっても意味はありません。

いま、グローバリゼーションということについてさかんに議論されていますが、企業の経済活動だけ自由化して、人間の移動の自由を制限するようなグローバリゼーションは偽物です。人間の移動の自由があってこそ真のグローバリゼーションです。

日本は海に囲われているのでピンと来ないかもしれませんが、世界の多くの国々は地続きです。隣の国まで歩いて行ける。さらに歩けばその向こうの国々にも行ける。歩いてほかの国に行って「やあ、こんにちは」「よくきたね」と挨拶をかわすような世界、それが人間の自然なすがたであり、もともとイスラーム圏の人々はそうやって生きてきたのです。こうした人間本来の状態を回復しない限り、カリフ制を実現したとまでは言えません。

不寛容

第三の統治のあり方については、カリフの下でシャリーアが施行されるのは当然ですが、イスラーム国の法解釈は明らかに狭すぎます。

これも本書で説明してきたように、イスラーム法は解釈に開かれた法です。たとえば、喫煙は禁止というのがいまの主流の見解ですが、預言者の時代に煙草《たばこ》はなかったので、当然、『クルアーン』に喫煙禁止という明文規定はありません。ですから異なる解釈も可能です。私としては、特にムスリム全員に強制するような場合は、できるだけ広い、ゆるい解釈をとるべきだと考えています。戦時だということもあるのでしょうが、バグダーディーはかなり厳しい解釈をとっているようです。

私は、バグダーディーのグループがカリフ制を名乗ることに、かねてより危惧《きぐ》の念をおぼえていました。なぜなら、彼らのシャリーア解釈が不寛容で、その手段が残虐であることを知っていたからです。カリフというのは全ムスリムの政治的権威ですから、寛容で穏健な勢力によって擁立されることが、何よりもムスリム自身にとって望ましいのです。

イスラーム国の前身となった勢力の中枢を担っているのは、イラクのフセイン政権、シリアのアサド政権というふたつの世俗主義国家の圧政によって激しく弾圧されてきた人たちです。実際に多くの人たちが死んでいます。それに対する反動から、彼ら自身も敵対勢力に対して不寛容で残虐な手段をとってきました。そうした政治風土の上に成立したイスラーム国がカリフ制を称《とな》えることは、当地の人々にとっても不幸なことですし、国際社会におけるイスラームのイメージにも悪影響を与えることになります。こうした事態は、できれば避けたかったところでした。

イスラーム法学者としての私は、イスラームの範囲内で現代の社会環境に適した政策を実施できるような、柔軟で寛大なカリフが選ばれることを望んでいました。不寛容な厳格主義者がカリフ制を称えることは、イスラーム世界の穏健で良識的な市民をカリフ制再興運動から遠ざける結果を招くでしょう。その結果、カリフ制再興運動はますます孤立し、過激化するという悪循環に陥りかねないということを私はかねがね警告してきました。ところが、不安は的中して、不寛容な勢力によってカリフ制が称えられたのがイスラーム国だったのです。

それでは、イスラーム国が多くのムスリムたちに受け入れられ、非イスラーム世界と共存しうる、柔軟で寛大な真のカリフ制に変容する道はあるのでしょうか。あるいは、イスラーム国が打倒され、真のカリフ制が樹立されるための道はつくれるのか？

それを実現させるためには、排他的な厳格主義者たちの主張が説得力をもたないような言論環境をつくり、イスラーム学者だけでなく、一般市民にも開かれたかたちでカリフ制再興の議論が行われるようにしなければなりません。真のカリフ制とは何かについて、学問の自由が保障され、自由に議論のできる公論の場をつくること。それがイスラーム諸国だけでなく、欧米にも共有され、真のカリフ制についての理解が世界に広まること。これを実現することが、いわば私のジハードだと言えるかもしれません。

私はイスラーム国を理想化しているわけではありませんし、むしろ彼らのやっていることの大半に反対していると言ってもいい。しかしカリフ制再興による領域国民国家システムの廃止はイスラーム法的にムスリムの義務であり、人類の未来にとっても急務だと考えられます。そうであるのなら、このイスラーム国の成立を、いわば奇貨として、真のカリフ制が再興される道筋を考えていくことが私の務めだと思っています。

解説

池内　恵

二〇一四年六月、中東のイラクとシリアにまたがる領域を「イスラーム国」が制圧し、カリフ制イスラーム国家の樹立を宣言した。「イスラーム国」に、近隣アラブ諸国やイスラーム諸国だけでなく、欧米諸国からも戦闘員が流入していることが国際問題となり、そこに日本人の参加者も出てくるのではないか、ということが中東専門家や報道関係者の間ではささやかれるようになった。「イスラーム国」ではないが、シリアの別のイスラーム系反政府武装組織と接触したり、戦闘に加わったりする日本人がいることは知られていた。

もし「イスラーム国」に加わって戦闘を行う日本人が現れた時はどうなるか。これについて私はとあるニュース番組からコメントを求められ、九月末に収録を済ませていた。自然災害などの大きなニュースが続いたためオンエアは遅れ、一〇月七日に放映されることになった。ところがまさにその前日の六日に、北海道大学を休学中の男子学生が戦闘員として「イスラーム国」に渡航を企てていたとして、警視庁公安部から事情聴取を受けたというニュースが表面化した。結局、七日のニュース番組ではその一件が大きく報じられ、それに併せてこの事件とは直接関係のない私のコメントも放映されることになった。

私にとって衝撃的だったのは、画面に映る、「イスラーム国」に加わろうとしたこの男子学生を手引きしたとして捜索を受けた「元大学教授」（と当時は報じられていた）が、あきらかに中田考さんと判別されたことだった。私は中田考さんと特に親交が深くはないが、イスラーム思想研究の先達として、そして大学の出身学科の特異な先輩として、その存在は常に大きく感じていた。しかしニュース番組の中で、「事件」の当事者としての中田さんと、まったくのすれ違いで「ご一緒」することになるとは想像もしていなかった。「イスラーム国」に行きたいと、根拠の確かさの程度はどうあれ、主張する人物が現れた場合に、中田さんが行いそうな行動は、およそ見当がついた。結論から言えば、中田さんが行ったであろう行為は、日本の刑法上、白黒つけがたい範囲にはあれど、逮捕し訴追することは困難であり、不当ともなりうる範囲内であるものと推測された。同時に、中田さんの言動の伝わり方、発信者や伝達者の意図や誤解が重なれば、「カルト」といった社会的な認識と糾弾を招きかねないことも危惧された。

さらに、中田さんは独自の宗教を説いているのではなく、イスラーム教の、かなり広範に受け入れられ主張されている解釈にもとづいているがゆえに、日本での「カルト」としての逮捕・訴追や社会的糾弾は、国際基準から見れば「迫害」としてとらえられるものになりかねないとも予感し、不安を覚えた。加えて、そのような不用意な公権力による介入を奇貨として、紛議を積極的に引き起こして国内外で政治問題化させ、中田さんをいわば「人柱」として、政治運動に利用しようとする勢力が介入してくることも心配だった。

中田さんのイスラーム教信仰やイスラーム法学による正義の解釈とは無関係の、日本国内の事情による政治利用について、中田さんが極端に無頓着であるだろうことも想像されるだけに、ボタンのかけ違いが重なって、不必要な紛議が生じ、中田さんが不当に糾弾されつつ見当はずれに祭り上げられるという事態の展開は容易に予想できた。

そのような紛議は、結局のところ、「カルト」対「強権国家」といった実情とは異なる対立軸を生じさせ、漠然とした悪印象のみを日本社会に残し、中田さんのイスラーム法に基づいた論理や主張は誰からも理解されることがない、という最悪の結果に終わる可能性が最も高いと思われた。

その時に急ぎ拙ブログ『中東・イスラーム学の風姿花伝』に、中田さんの思想的立場や、私が知り得る限りでのその人となり、そして中田さんが依拠しているであろうイスラーム法学的な思想信条と「テロ」との関わりが、どのような形で日本の刑法上の犯罪となりうるのか、なり得ないのか、などについて論考を掲載した（「自由主義者の『イスラーム国』論～あるいは中田考『先輩』について」）。

本書の編集部より、かねてより準備してきた中田考さんの宗教思想・法学論の著作の刊行に当たって、拙ブログのこのエントリの中田考さんをめぐる箇所を転載させて欲しいというご依頼を受け、熟慮の結果、承諾することにした。

再掲に当たって本書の完成稿を読ませていただいたが、中田さんの主張とその根拠は、「事件」が勃発した直後に私が想定したものとそれほど離れていなかった。それは中田さんの思想が平凡だとか、私が深く見通していたなどと言いたいのではない。中田さんの思想的立場はイスラーム法学にもとづいた思想的立場であるがゆえに、共通の典拠と方法論を踏まえて立論し結論を出すがゆえに、他者からある程度高い確度で推測が可能なのである。

中田さんも、その議論がイスラーム法学の通説を多く踏まえた、中田さん独自のものではないことを積極的に肯定するだろう。それこそが人間主義にもとづいた個々の人間の内面の独創性を価値とするのではなく、神の啓示の法に示された規範の遵守を上位に置くイスラームの精神の基本である。

中田さんのジハード論は、もしかするとこれまで日本におけるイスラーム論に慣れてきた読者にとっては異様に感じられるかもしれない。日本では、専門家の議論では、イスラームを戦後平和主義の理念に引きつける形で、軍事とも政治権力や支配の問題とも無縁のものとして表象する傾向が著しい。

また、イスラーム世界でも近代に、西欧起源の国際法規範に合わせる形で、国際紛争における自衛の範囲内でのみジハードは正当化されると法学を拡大解釈したり、神秘主義的な観念を流用して、内面の鍛錬、あるいは近代国家建設のための経済発展も「ジハード」

であるとする比喩的解釈といった「大ジハード」が軍事的な「小ジハード」より価値が高いと強弁したりする議論が、欧米に対してイスラーム教の「近代性」を弁護する護教論や、権力の維持や経済発展を優先する国家と統治者を擁護する議論として提起された。

しかしそのような近代の拡大解釈に異議を唱え、イスラーム法学のより定説的な解釈に依拠して、「自衛」の範囲をより広くとらえ、神が下した真の宗教の拡大を阻害する障害物を取り除き、人間の人間に対する隷属を排除する目的のための軍事行動をも含むとする議論が提起され、前者の議論と拮抗するかあるいは優位に立っている(これについては、池内恵「近代ジハード論の系譜学」日本国際政治学会編『国際政治』第一七五号、有斐閣、二〇一四年四月を参照)。

中田さんの議論は本書を見る限り、後者の潮流に根ざしており、それは中東、特にアラブ世界においては少数の特異な意見とは言えず、むしろ「筋の通った」議論としばしばみなされることがある。

もちろん、日本語でイスラーム法学にもとづいた世界認識や法・倫理規範を体系的に、日本の読者にも理解できる言葉で示したという意味での本書のオリジナリティは高い。また、神学的には、日本人のイスラーム教徒という特異な立場を踏まえた、アニミズムの一神教的解釈（あるいはその逆の一神教のアニミズム的解釈）や、イスラーム教信仰無き世界における罪と罰の問題など、中東のようにイスラーム教が支配的で多数派である世界のイスラーム学者には想像し得ず、顧慮されない問題に、独自の答えを示していると思う。

しかし中田さんのイスラーム思想に関する見解に「解説」を寄せることができるなどというおこがましいことはもとより考えていない。中田さんの思想は中田さんの言葉そのものから読み取ってもらいたい。

以下に再録する論考は、「事件」によって知名度を高めただけでなく疑惑の視線を受けるようになり、法執行機関の捜査対象となってしまった中田さんへの、法律家による弁護とは別の、思想的な弁護となることを、意図したものである。

中田さんをめぐる疑惑と紛議の嵐が去って、本書がこの解説を要さなくなる日が早く訪れることを望んでいる。

自由主義者の「イスラーム国」論～あるいは中田考「先輩」について

二〇一四年一〇月九日

中田考氏は東京大学文学部イスラム学科という、日本の大学の中では稀《まれ》な学科の一期生です。一九八二年設立と歴史も新しく、三年時にこの学科を選んで進学してくる者の数も極めて少数に限られています（二人か、一人か、〇人か、というのが通例と思われます。あと学士入学・修士からの入学者がそれ以上にいます）。

実は私もまたこの学科を卒業しており、一九九四年に進学しているので、一回り下の後輩ということになります。私自身は、一・二年の教養学部においてイスラーム思想以外のさまざまな学問に触れており（そもそも家庭教育で全然別のことを仕込まれていた）、大学院では地域研究に移っているので、イスラーム学のみを自分の学問の基礎とはしておりませんが、同時に最も重要な学部三・四年を過ごしたことから、今に至るまで強い影響を受けてきたと自覚しています。この学科の一期生が、このような形で脚光を浴びるに至ったことは、卒業生として他人事《ひとごと》とは見ていられず、世間一般にとっては奇異・不可解にのみ見えかねない状況を少しでも理解しやすくしておきたいという気持ちがあります。

この学科は歴代の卒業生を合わせてもそれほどの数ではなく、特に一期生は、業界内ではいろいろな意味で目立つ人たちであり、学生時代から意識せざるを得なかったことから、中田考氏についてはその人となりと思想・行動を私なりに理解しているつもりです。

いくつか言えることを記すと、まず、彼は顔を隠したり、思想や実際の行動について問われて否定することはないだろう、ということです。彼にとっては、「アッラーの教えに従った正しいこと」をしていると信じているがゆえに、「無知な異教徒」に積極的に話す必要はないが、問われれば話してもいい、ということであろうと思います。現にその後顔と名前を出したインタビュー記事が表に出るようになっています。

中田氏自身は日本の刑法に明確に触れるようなことはしていないと思いますが、ジハードによる武装闘争をシリアで行うことには強く賛同していると見られます。「イスラーム国」についてはその手法の一部が適切ではないと批判していますが、イスラーム法学的に明確に違法とまでは言えないと解釈しているようであり、その存在を肯定的に見て、接触を図っていることは、公言している通り、おそらく事実であると思われます。

そのことだけでも、日本の法制度では刑法第九三条の「私戦」の予備あるいは陰謀に関与したととらえられる可能性が、法の解釈と適用の裁量如何《いかん》ではあり得るものであり、それも、現在の中田氏は自覚していると思います。日本の刑法の存在と実際の効力は認めているものの、本人の思想によって超越的な視点から日本の刑法の価値を（「永遠の相の下では」）限定的（あるいは無価値）ととらえているため、刑に問われる可能性を認識しつつも、それほど意に介していないのではないかと推測します。

ただし二〇一四年九月二四日の国連安保理決議で「イスラーム国」への支援を阻止することが各国に義務付けられる以前には、刑法第九三条の規定の適用によって「イスラーム国」への支援・参加を処罰することが現実的にあり得ると周知されていたわけではありません。死文化していたこの条文を適用して公判維持が可能なほどの犯罪事実を、九月二四日から一〇月六日までの間に中田考氏が行い得ていたかどうかを考えると、そのようなことはなかろうとかなり確信を持って言えます。

ジハードに関する中田考氏の立場は、イスラーム世界の中で、少なくともアラブ世界においては、さほど極端な意見ではなく、一つの有力な考え方であると見られます。ただし実践することができる人はそれほど多くないとされる立場です。尊重されるが必ずしも多くによって実践されることのない、アラブ世界において一定の有効性を保っている思想を、ほぼそのままの形で日本に伝えてくれるという点で、中田考氏は貴重な存在です。日本向けに、日本社会に受け入れられることを主眼として、現実のアラブ世界ではさほど通用していない議論を「真のイスラーム」として発言する方が、長期的には認識と対処策を誤らせると考えます。

「イスラームは平和の宗教だ、対話せよ、共生せよ」といった議論を表向き行っている人物が、学界の権力・権威主義・コネクションを背景に、気に入らない相手に公衆の面前で暴力をふるうに及ぶ（そして高い地位にある教授のほぼすべてが一堂に会しておりながら黙認して問わない）、といった事例さえ複数回体験している私にとっては、中田考氏からは、現世的な意味での権威主義を嫌い、暴力を忌避する、温和で、概して公正な人物であるという印象を受けます。その評価は、この事件に関する報道を見た上でも、変わっていません。

ただし、いくら現実が欺瞞《ぎまん》に満ちたものであり、浅薄で劣悪な人間が世にはびこっているとしても、それに対抗して別の世界から何か絶対的な超越的な価値基準を持ってきてそれを当てはめて現実を全否定しても、自己満足以外に得るものはあまりないと私は考えています。

中田氏の日常・対人関係における穏和さは、イスラーム教によって示された真理を自分が知っているという確信からくるものであり、「それを知らない・知ろうとしない異教徒」である私に対しては、別種の超越的な権威主義をもって接してくるため、かなり遠い過去に何度かあった会話の機会において、それほど話が通じたとは思いません（そもそもまともに話したのはかなり若い時であり、年齢や研究者としての経験が違い過ぎたという事情もありました。また、イスラーム法学者としての聖典・法学解釈の運用能力を普遍的に価値的に優越したものととらえる中田氏からは、私の議論はそもそも前提としてなんら評価に値しないといった理由もあります）。

そして、中田氏の宗教信仰からもたらされる政治規範では、異教徒にはイスラーム教徒よりも制限された権利が与えられ、その価値を一段劣るものとして認定され、その立場と価値基準を受け入れる限りにおいて生存が許されることになっており、それを受け入れることは自由主義の原則の放棄を意味し、近代的な社会の崩壊を容認するに等しいと考えており、私は強く反対しています。

しかし立場が異なる人々の思想を、それが他者への危害を加えない範囲であれば認めるのが近代の自由主義の原則です。中田氏の思想が内包する危険性を認識しつつ、それを日本において実効的に他者に対して強制する機会が現れない段階では、中田氏の思想表現に規制をかける正当性は、自由主義社会の原則に照らせば、ないと考えています（そもそも人の頭の中身は外から規制できませんが）。そのことは中田氏の思想そのものを真理であるとか優越したものであると私が認めているということではありません。

イスラーム思想研究者としては、中田氏はまったく異なる見地から私と同じものを見ているということではないかと考えています。もちろん、中田氏の方では私がイスラーム教を日本の言説空間に紹介する際に「正直に話している」という点においては一定の評価をしつつ、（アッラーの下した唯一絶対の真理を認識することができないという意味で）「無知である」と認識しておられ、そもそもそのような「無知（超越的な視点からの）」であるにもかかわらずイスラーム教について発言することが本来（超越的な視点から）は許されないことであると考えていることを、いくつかのインターネット上の発言などから見知っています。中田氏の立場からは論理的必然としてそのような認識になることを私は理解しており、私の発言を実効的に制約したり物理的危害を加える行為を自ら行うか教唆したりしない限りにおいては、表現の自由の範囲内であろうと考えています（受け取る人が中田氏の真意や思想体系を理解しておらず、中田氏の私に対する批判を異なる目的のために利用することは困ったことだとは考えていますが、基本的にそれは受け取って利用する人の理解力や品性の問題であると考えています。誤解による利用に中田氏がまったく責がないとも無意識・無垢であるとも思いませんが……）。

中田氏は、今回の事案を受けてのさまざまなインタビューでおそらく公に認めていることではないかと思いますが（活字になっているかどうかは別として）、正しい目的のためのジハードで軍事的に戦うことは正しい行いであり、そのような行いを目指す人物が自分を頼ってきたときにはできるだけの手助けをする、という信念を持ち実際にその手助けを行っているものと思われます。これは、アラブ世界で（あるいはより広いイスラーム世界で）非常に多くの人が抱いており、可能であれば実践しようとしている考えであり、だからこそ国家間の取り決めによるグローバル・ジハード包囲網の効果が薄く、「イスラーム国」あるいはそれと競合する諸武装勢力への、多様なムスリム個々人による自発的な支援や参加が有効に阻止できていないのだと思います。

中田考氏が「イスラーム国」のリクルート組織の一員か？と問われれば、私は捜査機関ではなく、個人的に付き合いもないので本当のところは調べようがないのですが、イスラーム政治思想を研究し、グローバル・ジハード現象を研究してきた立場からは、「中田氏は組織の一員とは言えない」と推論します。

その理由は、中田氏がジハードに不熱心だとか組織と意見が違うといったことではなく、そもそも「イスラーム国」やアル＝カーイダは明確な組織をもたずに運動を展開しているからです。シリア・イラクの外で「イスラーム国」に共鳴している人物・集団のうち、中田氏に限らず、シリア・イラクの「イスラーム国」そのものとの組織的なつながりが実証されうる人物や集団は、ごく限られていると考えられます。

しかし共鳴した人物・集団がもし実際に国境を越えて「イスラーム国」に合流し武装闘

争に有機的に統合されれば、紛れもなくその組織の一員となります。中田氏はおそらく年齢・体力的にもそれは困難で、本人がインタビュー等で認めているように、組織の一員の友人、あるいはその紹介で訪れた客人、という立場を超えることはおそらくなかったのではないか、と推測します。

中田考氏は、そもそも正しいことをしているという信念が前提にあるために、インタビュー等で実際の行動や意図を偽ることはないと思います。ただし、その行動や意図の「正しさ」の基準が、イスラーム法学であるために、日本の一般的な聞き手や読み手には、真意が測りがたく、冗談か不真面目なウケ狙いの回答であるかのように見えてしまう場合もあるかと思います。また、イスラーム教を世界に広め、守ることを本分とするイスラーム法学者の役割に忠実であるため、異なる価値観が支配的な日本において、イスラーム教そのものへの強い批判や排斥を招きかねないと考える主張については、聞き手・読み手の誤解をあえて誘う立論を行って関心を逸《そ》らす、あるいは肯定的な誤解をさせるということも、イスラーム教を広め守るための教義論争上のやむを得ない戦術として肯定しているのではないかと思われる節があり、日本の読み手が自らの論理や規範の範囲内で額面通りに受け取ることも、若干の危険性があるのではないかと危惧します。しかしそのような発言も自由の行使の範囲内であって、重要なのは、編集者や読み手が、発言の前提となる極めて異なる価値観（それはイスラーム世界では非常に支配的な価値観である）を認識した上で中田氏の意図を読み解くことであろうかと思います。

「イスラーム国」をはじめとしたグローバル・ジハードの諸運動については、「日本に組織ができたら危険だ」「日本には組織がないから安全だ」という議論も、「あの人は組織に入っているからテロリストだ」「組織に入っていないから無関係で無実だ」といった議論も、的を外しています。組織がないにもかかわらず、自発的に、一定数の支持者・共鳴者を動員できることにこそ、グローバル・ジハード運動の特徴があり、日本社会あるいはその他の社会にとっての危険性があります（それを支持する人にとっては「可能性」があります）。「イスラーム国」そのものにしても、複数の小集団のネットワーク的なつながりしかないものと考えています。イスラーム教の特定の理念、つまり「カリフ制」といった誰もが知る共通の理念の実現という目標を一つにしているからこそ、つながりのない諸集団がほぼ統一した行動に結果的に出ているものと考えています。

宗教者がテロを教唆したか否か、という問題には、人間の意志と行動との間の、非常に複雑で実証しがたい関係が含まれています。

宗教者として一定の尊敬を集める人物が、例えば「ジハードに命をささげるのはアッラーから大きな報奨を受ける行為だ」と発言した場合、世界宗教であるイスラーム教の明文規定に支えられているために、信仰者あるいは異教徒のいずれの立場からもその発言を批判することは困難です。そして、このような一般的な発言を行うことで、結果的に一定数の聞き手が武器を取って紛争地に赴き、状況によってはテロと国際社会から認定される行為に出ることは、一定の蓋然性をもって予測されます。しかし一般的な宗教的発言と受け手の行動との間に因果関係を実証することは容易ではなく、宗教者が意図を持って行った教唆として認定することも容易ではないため、法の支配の理念を堅持した法執行機関の適正な運用による対処を行って実効性を得るには、困難が伴います。

分かりにくいと思いますが、この問題について、事情をよく分かっていないまま勘違いして発言・反応する人を含めた様々な人たちから揚げ足を取られないように書くには、このような書き方になります。

グローバル・ジハードへの動員は、日本では極めて小さな規模で、日本のサブカル的文脈でガラパゴス的な形で発生しています。しかし西欧社会では大規模な移民コミュニティを背景に、非常に大きな規模で、この「組織なき動員」が生じています。そのため、問題の対処は緊急性を帯び、かつ困難を極めています。

日本も、やがてこの問題にもっと正面から向き合わなければならなくなると思います。日本が将来に直面する問題の先触れとして、今回の、多くの人にとっては奇異なことばかりに見える「イスラーム国・その他武装勢力への参加希望者出現」という話題は、重要な意味を持っているのではないかと思います。

（東京大学先端科学技術研究センター准教授）

※本解説は、二〇一四年一〇月九日付で掲載された池内恵氏のウェブサイト『中東・イスラーム学の風姿花伝』（http://chutoislam.blog.fc2.com/）の記事の本書転載を編集部が依頼し、池内氏が加筆修正した後、収録したものです。

中田 考（なかた こう）

一九六〇年、岡山県生まれ。イスラーム学者。東京大学文学部卒業後、カイロ大学大学院文学部哲学科博士課程修了（哲学博士）。同志社大学神学部元教授。専門はイスラーム法学・神学。著書に『イスラームのロジック』（講談社）、『一神教と国家　イスラーム、キリスト教、ユダヤ教』（内田樹氏との共著、集英社新書）他。

イスラーム　生《せい》と死《し》と聖戦《せいせん》

集英社新書〇七六四C

二〇一五年二月二二日　第一刷発行
二〇一五年二月二二日　第二刷発行

著者……中田《なかた》　考《こう》

発行者……加藤　潤

発行所……株式会社集英社

東京都千代田区一ツ橋二-五-一〇　郵便番号一〇一-八〇五〇

電話　〇三-三二三〇-六三九一（編集部）
　　　〇三-三二三〇-六〇八〇（読者係）
　　　〇三-三二三〇-六三九三（販売部）書店専用

装幀……原　研哉

印刷所……凸版印刷株式会社

製本所……加藤製本株式会社

定価はカバーに表示してあります。

ISBN 978-4-08-720764-4 C0214

a pilot of wisdom

集英社新書　好評既刊

騒乱、混乱、波乱！ ありえない中国
小林史憲　0762-B

「拘束21回」を数えるテレビ東京の名物記者が、絶望と崩壊の現場、〝ありえない中国〟を徹底ルポ！

沈みゆく大国 アメリカ
堤　未果　0763-A

「1%の超・富裕層《スーパー・リッチ》」によるアメリカ支配が完成。その最終章は石油、農業、教育、金融に続く「医療《オバマケア》」だ！

なぜか結果を出す人の理由
野村克也　0765-B

同じ努力でもなぜ、結果に差がつくのか？ 〝監督〟野村克也が語った、凡人が結果を出すための極意とは。

「おっぱい」は好きなだけ吸うがいい
加島祥造　0766-C

英文学者にしてタオイストの著者が、究極のエナジー・「大自然《タオ》」の源泉を語る。姜尚中氏の解説も掲載。

宇宙を創る実験
村山　斉／編著　0768-G

物理学最先端の知が結集したILC（国際リニアコライダー）。宇宙最大の謎を解く実験の全容に迫る。

放浪の聖画家 ピロスマニ〈ヴィジュアル版〉
はらだたけひで　037-V

ピカソが絶賛し、今も多くの人を魅了する、グルジアが生んだ孤高の画家の代表作をオールカラーで完全収録。

文豪と京の「庭」「桜」
海野泰男　0769-F

祇園の夜桜や竜安寺の石庭など、京の「庭」「桜」に魅せられた文豪たち。京都と作家の新しい魅力に迫る。

イスラム戦争 中東崩壊と欧米の敗北
内藤正典　0770-B

イスラム国の論理や、欧米による中東秩序の限界に触れながら、日本とイスラム世界の共存の必要性を説く。

アート鑑賞、超入門！ 7つの視点
藤田令伊　0771-F

歴史的作品から現代アートまで、自分の目で芸術作品に向き合うための鑑賞術を、7つの視点から解説する。

地震は必ず予測できる！
村井俊治　0772-G

地表の動きを記録したデータによる「地震予測法」を開発した測量学の権威が、そのメカニズムを公開。

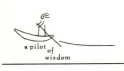